KB187973

남자가 많은 곳에서 일합니다

남자가 많은 곳에서 일합니다

박진희 지음

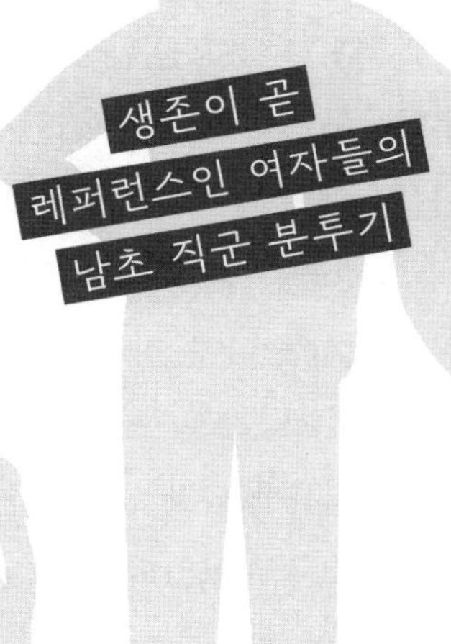

자신의 일을 열심히 하며 사는 모든 여성들에게 보내는 헌사

동네 도서관에 들렀다가 우연히 중앙 로비에 전시된 아이들의 그림일기를 보았다. '양성평등'이라는 주제로, 시에서 주최한 공모전에서 입상한 글과 그림이 여러 개 걸려 있었다. 삐뚤빼뚤한 어린아이들의 글씨 속에 삐뚤지 않은 내용이 담겨 있다. 우리 집 천장 형광등은 엄마가 고친다며 자신의 엄마가 얼마나 힘이 센지 자랑하는 아이, 여자 소방관도 있으니 '소방관 아저씨'가 아닌 '소방관님'으로 부르자고 호소하는 아이, 명절에 아빠가 전을 부치는 모습을 그린 아이까지, 시간 가는 줄 모르고 다양한 작품을 살펴보았다.

많은 어린이가 미래의 꿈도 그려놓았다. 자신은 축구 선수가 되려는 반면 오빠는 발레리노의 꿈을 가졌다, 엄마가 경찰관인 게 자랑스러워 자기도 같은 꿈을 꾼다, "남자가 하는 일, 여자가 하는 일은 따로 없다"고 아빠가 가르쳐 주셨다는 내용도 있다. 아이들의 마음을 찬찬히 읽으며, 문득 이 아이들에게 롤모델이 될 만한 사람들을 만나 인터뷰해 보고 싶다는 생각이 들었다. 남초 직군에서 일하는 여성 (혹은 여초 직군에서 일하는 남성) 어른들의 이야기를 같은 꿈을 키우는 아이들에게 전달해 주면 어떨까? 아마도 그날, 이 책이 될 씨앗이 생긴 듯하다.

대표적인 남초 직군으로 대형 화물차 기사나 전기 용접 같은, 체력적으로 고된 일이 가장 먼저 떠올랐다. 아무래도 힘을 쓰는 일이다 보니 드물긴 했지만, 찾아보니 여성이 아예 없는 것은 아니었다. '과연 여기서도?' 하며 여러 일터를 검색해 보았는데, 생각지 못한 곳에서도 분명 여성은 존재했다. 꼬리잡기하듯 직업을 찾다 보니, 몸을 쓰는 노동의 현장을 제외하고도 남초 직군이 아주 많다는 사실을 알게 되었다. 전통적으로 남성만을 채용했기 때문에, 위험하기 때문에, 일하는 환경이 여성에게 적합하지 않기 때문에 등등의 이유로 수많은 일터 자체가 거대한 남성 집단이었다. 하지만 놀랍게도 그런 곳에서도 '반드시' 여성이 일하고 있었고, 그 자리를 지키려

고군분투했다.

여러 직업을 탐색하고 구체적으로 어떤 직군의 사람을 만나면 좋을지 구상하며, 그들을 직접 만나볼 용기를 키워갔다. 단순히 아이들에게 '세상엔 이런 멋진 어른도 있단다' 소개하는 의미를 넘어, 같은 직종은 아니더라도 '소수'라는 이유로 고충을 겪는 이에게, 도전해 보고 싶지만 '미지의 영역'이라 망설이는 이에게 실질적 도움을 줄 수 있도록 이 책의 기획 의도를 조금 더 확장해 보았다. 막연하게 품었던 마음 밭의 씨앗은 그렇게 조금씩 뿌리를 내렸다.

2023년 여름부터 곳곳에 있는 사람들을 만났다. 건설현장에서 조경을 관리하고 현장 일을 감독하는 이를 시작으로 화재현장으로 달려가 불을 끄는 소방관, 군부대에서 정보보안을 담당하는 군무원, 14년 동안 군용 수송기를 몰았던 항공기 조종사, 수백 마리의 소를 진료하고 돌보는 대동물 수의사, 오스트리아에서 활발히 활동하는 오케스트라 지휘자,

대형 화물선의 일등항해사, 흙을 빚어 가마에서 도자기를 직접 굽는 도예가까지……. 다양한 분야에서 일하는 여성을 만나 직업 환경은 어떤지, 성별이 주는 고충이 있는지, 어떤 마음으로 일하는지, 이 길을 따라 걸으려는 이가 있다면 어떤 말을 해주고 싶은지 물어보았다.

처음엔 사회적 부조리에 대한 넋두리 혹은 분노의 언어들이 쏟아져 나올까 봐 걱정했다. 여중 여고를 나와 여대에 가까운 학부, 여초 직장을 다녔던 내가 그들의 이야기에 제대로 반응하지 못할까 봐 두려웠다. 하지만 두려움은 잠깐이었다. '내 삶'과 '내 직업'을 사랑하고, 누구보다 '나답게' 살기 위해 노력하는 이들을 보며, 나는 그녀들을 수식하던 '여성'이라는 단어를 자주 잊었다.

그들은 힘이 없다고 느껴지면 체력을 길렀고, 지식이 부족하다고 생각하면 열심히 공부했다. 좋아하는 일을 계속 해내기 위해 어떻게든 닥친 문제를 해결할 방법을 궁리하고 돌파했다. 앞서 길을 걸어준 선배가 없어 스스로 길을 개척하면서도, 두려워하기보단 긍정적인 앞날을 기대하는 사람들이었다. 자신의 뒤로 그 길을 걷고자 하는 사람들을 위해서라도, 내게 더 많은 것을 알려주고 싶어 했다.

일터도, 처한 환경도, 꿈꾸는 삶도 각양각색이지만 올곧은 가치관을 가지고 누구보다 자기 삶을 아름답게 가꾸던 인터뷰이들을 만난 것은 큰 행운이다. 이 책이 어떤 사람들에게 가닿을지 모르나, 특별하고도 평범한 '다른 이의 삶'을 통해 '내 삶'의 가치와 아름다움을 재발견하는 계기가 되면 더없이 좋겠다.

또한, 지금껏 살면서 한 번도 문제 삼지 않았던 문제를 되짚어보는 시간이 되기를 바란다. 여자라서, 적은 숫자여서, 너무나 막연해서, 바뀔 것 같지 않아서……, '나만 문제 삼지 않으면 돼' 하며 다시 마음으로 눌러 담았던 고민을 꺼내고 나누고 함께 모색해 보는 계기가 되었으면 한다. 그렇게 된다면 나 역시도 '삶 전달자'의 역할을 제대로 해낸 것이리라.

분야마다 차이는 있지만, 여성이 사회에 진출하기 시작한 때는 불과 100여 년 전이다. 인터뷰이 중에는 그보다 훨씬 짧은 역사를 지닌 직업군에 속한 이도 있고, 현재로서도 유일무이한 현장에 속한 이도 있다. 단시간에 무언가를 바꾸기 어려워 이들보다 앞선 선배들은 더 큰 희생을 겪었을 것이다.

인터뷰이들 역시 숱한 시행착오를 겪었음에도 조금씩 나아지고 있다는 희망의 메시지를 전해주었다. 이들의 말처럼 여성이 일하는 자리가 아주 조금씩 나아지고 있다면, 그건 지금 머물러 있는 자신의 자리를 사랑하고 매 순간 최선을 다한 그녀들 덕분이라고 생각한다. 여성이기 때문에 만났지만, 이제는 '여성'이라는 수식어는 좀 떼고 이름만 부르고 싶은 여덟 명의 '멋진 사람'에게 고마움을 전한다.

목차

INTERVIEW 01

건설현장 조경 관리감독 —
강지혜

배려라는 이름으로 일할 기회를 박탈당하지 않는 일

처음엔 '조경'과 아무런 상관이 없는 회사에 다녔다. 점심시간에 회사 근처 공원을 산책하다 자연스럽게 조경에 관심을 갖게 됐고, 틈틈이 관련 공부를 하며 공모전에도 참가했다. 조경기능사 자격증을 취득한 뒤 2018년에 일본으로 건너가 조경을 유지하고 관리하는 일을 본격적으로 시작했다. 한국에 돌아와서는 조경 설계·디자인 및 관리 분야에 뛰어들어 일의 영역을 확장했다. 현재는 건설현장 조경 파트 관리감독으로 사무실과 현장을 오가며 일하고 있다. 작업자 및 작업환경을 살피고, 장비와 자재를 점검하며, 각 업체의 업무를 조율하는 등 조경의 전반적인 부분을 맡고 있다.

매해 3월 8일은 ‘세계 여성의 날’이다. 1908년에 미국의 열악한 작업장에서 많은 여성 노동자들이 화재로 죽는 사건이 발생했고, 여성 노동자 1만 5천 명이 같은 해 3월 8일에 뉴욕 거리로 나와 시위한 것을 기념하기 위해 제정된 날이다.

2023년 3월, 110번째로 돌아온 여성의 날을 기념하며 〈프레시안〉에서 특집기사를 냈다. 철도 정비원, 대형 화물차 운행기사, 용접사 등 곳곳에서 ‘노동자’의 이름으로 일하는 여성들을 인터뷰한 연재기사였는데, 그때 지혜 씨를 기사로 처음 만났다.

모든 건물 및 공공의 장소에는 반드시 심미적인 환경을 만들어줄 나무가 포함되어 있어야 하는데 나무를 심고, 꾸미고, 관련된 시설물을 만드는 모든 일을 ‘조경’이라고 한다. 그녀는 조경 공사의 전반적인 부분을 관리·감독하는 자리에 있었다.

심리학을 전공하고 사무직으로 일하다 ‘나무’에 매력을 느껴 조경의 길로 들어서게 된 계기도 흥미로웠고 남자, 그것도 아버지뻘 되는 건설현장 노동자들을 상대하는 그녀에게 궁금증이 생겼다. 조언을 구할 여성 선배도 없이 남초 직군에서 일하며 겪었을 힘듦의 크기가 나로선 가늠하기 어려웠기 때문이다. 그럼에도 불구하고 어려운 길을 개척하며 쌓아온 본인만의 노하우를 다른 이들과 공유하고 지속적으로 연대하길 희망하는 그녀의 가치관이 무엇보다 인상 깊었다.

"원더우먼이 아니어도 돼. 우리, 서로의 롤모델이 되자."

그녀를 인터뷰했던 기사의 제목이 머릿속에 깊이 각인되었고, 이 주제로 누군가에게 필요한 책을 만들어보고 싶다는 욕구가 생겼다. 새로운 길을 가려 하지만 도무지 어떻게 진입해야 하는지 몰라 막막한 이들에게, 세상에 나 혼자만 덩그러니 떨어진 기분이라 '같은 마음'으로 이야기를 나눌 상대를 찾는 이들에게, 강지혜가 들려줄 이야기가 필요했다.

남초 직군에서 일하는 여성을 인터뷰해야겠다고 마음먹고, 어떤 이들을 만날지 리스트를 짜며 나는 그녀를 1번으로 정했다. 그녀를 가장 먼저 만나야 다음 실마리가 풀릴 것 같았다. 2023년 7월의 어느 날, 공원 리모델링 현장에서 늦도록 일을 하고 돌아온 그녀를 망원동에서 만났다. 새벽부터 현장과 사무실을 오가며 일을 처리하느라 무척이나 피곤했을 그녀를 오래 붙잡고 있는 게 예의에 어긋난 일임을 알면서도, 질문은 오랫동안 이어졌다.

— **인터뷰 전에 조경에 대해서 책도 읽고 공부를 했는데, 역시 벼락치기는 쉽지 않았어요. 정말 광범위한 분야더라고요. 지혜 씬 그 중에서도 어떤 분야에서 일하고 계신가요?**

조경은 쉽게 말해서 '나무와 관련된 모든 일'이라고 보시면 돼요. 실제 나무나 초화류 등을 심는 일부터 주변 시설물을 만들고 설치하는 일이죠. 개인 주택에 있는 정원을 가꾸는 일, 공원 또는 도시 내 녹지를 만드는 일 등 모두 다 조경이에요.

저는 정원사를 거쳐 지금은 건설현장의 조경을 관리·감독하고 있어요. 몇몇 논외의 경우를 제외하고 모든 건물은 건축할 때 대지 면적에 비례하는 녹지를 만들게 법적으로 규정되어 있어요. 그래서 조경은 건축에서 소방과 설비만큼 꼭 필요한 파트예요. 지금은 제가 직접 나무를 심지 않지만, 현장에서 일어나는 모든 부분에 관여해요.

예를 들어볼게요. 저는 디자인된 조경설계도를 받아서 그걸 실물화하는 작업을 해요. 서류와 현장을 비교하면서 수정하고, 실제 나무를 심을 작업반도 섭외하고요. 굴착기, 크레인 같은 기계장비도 사용하고, 자재가 제대로 들어왔는지도 확인합니다. 다른 업체와의 일정과 업무를 조율하는 것도 제가 하는 업무 중 중요한 부분을 차지하고요. 또 현장에선 안전사고가 일어나면 안 되니, 그런 사고를 철저히 감독하는 것도 제 일입니다. 한 마디로 '공간을 만들 때 A부터 Z까지의 모든 일을 다룬다'고 할 수 있죠.

— **어마어마하네요. 처음에 하신 정원사는 실제로 나무를 다루는 일(시공)이었다면, 지금은 그것 빼고 다 한다고 보면 되나요? 일하신 지는 얼마나 되셨나요?**

그렇죠. 정원사를 포함한 조경 일은 5년 차에 접어들었고요. 현장 관리감독을 한 지는 2년쯤 됐어요. 아무것도 모르는 상태에서 무작정 뛰어들어 현장에서 몸으로 일하는 것부터 시작했고, 조경에서 설계와 시공 등 다양한 분야로 이직을 많이 했어요.

— **심리학을 전공하셨고, 조경과는 전혀 상관없는 일을 하셨다고 기사에서 읽었어요. 도대체 어떤 계기로 이 일에 뛰어드신 건가요?**

이전에는 나인투식스9 TO 6로 일하는 일반 사무직에 몸담고 있었어요. 회사가 남산 근처에 있어서 점심시간에 공원을 산책하다가 자연스럽게 조경에 관심을 갖게 되었죠. 회사 다니며 틈틈이 공모전에도 참가하면서, 진짜 뜬금없이 시작했어요. 어떻게 이렇게까지 다른 분야에서 일하게 되었는지 되짚어보면…… 사실 저는 조경과 심리학이 크게 다르지 않다고 생각해요. 공원과 같은 조경된 공간은 우리에게 쉼을 주고 심리적 위안을 주잖아요? 그런 부분이 사람의 마음을 읽고 치유하는 심리 상담과도 비슷하게 느껴졌어요. 심리학과 본질적으로 닮아서 조경에 끌리게 되었나 봐요. 그래서 이전의 제 직업과 현재의 직업이 지닌 사회적 가치는 결국 같지 않나 싶어요.

본격적으로 일을 시작하게 된 계기는, 우연히 일본으로 여행을 가면서부터예요. 일본이 아시아에서는 정원이나 조경이 아주 잘 되어 있는 나라거든요. 일본에 가자, 마음이 확고해지더라고요. 돌아와서는 계속 회사에 다니며 일본어 공부를 시작했고, 조경기능사 자격증도 땄어요. 그러고는 무작정 일본으로 떠났어요. 그게 2018년이에요. 정말 아무런 지식과 현장경험 없이 맨몸으로 일본에 가서 일을 구한 거죠.

— **일본이라는 타지에서 첫 일자리를 구하신 거네요? '외국인 여성'의 신분으로 구한 첫 직장에선 어떤 일을 하셨는지도 궁금해요.**

조경에 관해 제로베이스인 상태니, 일본의 잘 관리된 정원이나 나무를 보고 배우는 것이 내가 성장할 가장 빠른 길이라고 생각했어요. 그래서 일본의 정원관리 기업에 지원했고 덜컥 합격했어요. 저만 외국인이고, 여자였죠. 첫 출근을 했는데, 강변에 컨테이너 하나가 서 있고, 그 앞으로 트럭이

꽉 서 있더라고요. 허허벌판 자체가 회사였어요. 아침에 이곳에서 필요한 도구만 실어 트럭을 타고 현장으로 흩어졌죠. 몸 쓰는 아저씨들만 있는 곳에 제가 어설프게 껴 있었어요. 이전에도 외국인 여자가 이력서를 낸 적은 없었을 거예요. 사장님도 긴가민가 하는 마음으로 절 뽑으셨을 테고요. (웃음) 현장엔 늘 사람이 부족하거든요. 한국에서 자격증도 따왔고, 의사소통도 되니 일단 뽑고 보자 싶었을 거예요.

일본에서 조경을 배울 때 처음엔 허드렛일만 시켜요. 일에 대한 자부심도 높고 장인정신도 있으니 초짜들에겐 함부로 나무를 맡기지 않아요. 옛날엔 최소 5년 동안은 청소만 했다더라고요. 전지가위도 함부로 못 들게 하고요. 다행히 제가 다녔던 회사의 사장님은 열린 마음을 가진 분이셨어요. 저도 당시 20대 중반이었으니 젊었고, 운동도 했던 터라 몸 쓰는 일은 자신 있었고요. 힘든 줄 모르고 즐겁게 배우며 일했어요. 맡은 일을 열심히 하니, 반년쯤 지났을 때 사장님이 하네스(나무 탈 때 사용하는 장비)를 사주셨어요. 나무에 올라가 보라고 허락하신 거죠. 하네스 입고 처음 나무에 올라간 날 기념사진도 찍었어요.

— 일본에서는 얼마나 일하셨어요? 지금은 현장에 있기보다 관리감독하는 일로 변경하셨는데, 이유가 있었을 것 같아요. 한국과 일본의 정원사 일에 차이가 있나요?

1년쯤 일하고 팬데믹 상황이 되어 귀국했어요. 한국에 와서도 정원사 일은 계속했지요. 하지만 한국에서의 정원사 일은 말씀하신 것처럼 일본과는 차이가 있었어요. 제가 있던 도쿄는 날씨가 서울보다 비교적 온난해서 연중 내내 일이 많았고요. 일본은 정갈하고 정돈된 풍경을 유지하려고 조경에 공을 많이 들여요. 오래된 물건을 계속 관리하며 쓰듯이요. 덕분에 수종을 가리지 않고 다양한 나무와 조경 환경을 접할 수 있었어요.

우리나라는 조금 달라요. 자연스러운 풍경을 좀 더 선호해요. 그러다 보니 필수적인 것들만 관리해요. 소나무처럼 재산적 가치가 있는 수목 위주로 관리하죠. 겨울엔 일이 뚝 떨어지고요. 그래서 한국에서 정원사로 일할 땐 하는 일이 비슷했어요. 연희동 대저택의 소나무를 전지하거나, 대기업 사옥에 있는 나무를 관리하거나, 골프장의 나무 가지치기를 하거나…… 단조롭다는 생각이 많이 들더라고요.

또 일본에서는 정원 일을 전문 기술직으로 생각해요. 정원사들이 입는 유니폼이 있거든요. 그 옷차림을 하고 나가면 누구나 '아, 저 사람은 정원사구나!' 하고 인식해요. 일에 대한 자부심도 있고, 저 역시도 그렇게 입으면 일하는 태도가 달

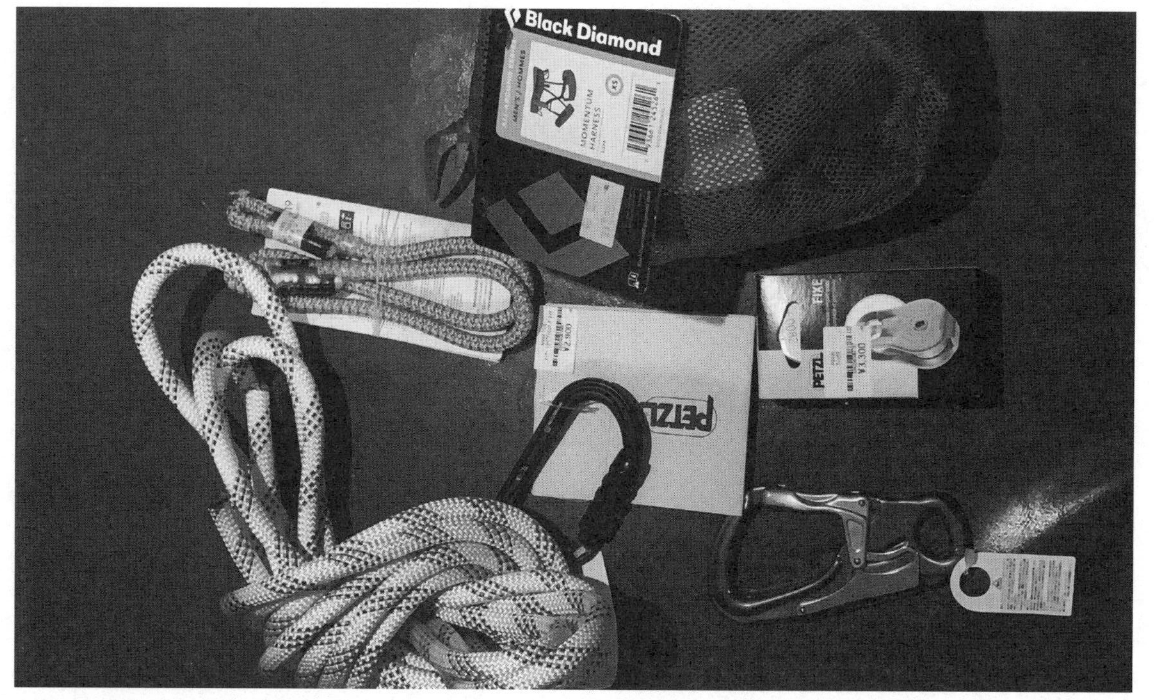
Black Diamond
MEN'S / HOMMES
MOMENTUM
HARNESS
XS
PETZL
¥2,900
PETZL
FIXE
¥3,300

라지고요. 그런데 우리나라에서는 그렇게까지 전문적인 분야라고 생각하지 않아요. 그런 면에서도 현실의 벽을 느꼈죠.

— **하지만 조경이라는 분야가 방대하니까, 어떤 면에서는 일에 대한 방향성을 재정비하는 계기가 되었겠네요. 조금 더 발전할 수 있는 방향으로?**

맞아요! 저는 그게 중요하거든요. 일하며 저도 같이 성장해야 해요. 나무를 가까이 하는 건 좋았지만, 유지 관리하는 현장에서는 배움의 기회가 덜했어요. 그래서 조경 설계 쪽으로 먼저 눈을 돌렸어요. 조경은 설계, 시공, 관리라는 세 가지의 큰 덩어리로 나뉘어요. 저는 시공과 디자인을 하며 공간적 감각을 키웠고, 이제 마지막 단계에 온 거죠.

세 가지 일 모두 필요하고 매력적인 강점이 있어요. 정원사로 직접 나무를 심고 다룰 땐 몸은 고될지언정 일을 집으로 가져오지 않잖아요. 샤워하면 다 잊어버리고, 다음 날 또 새로운 일과를 시작하면 되는, 그 깨끗함이 좋았어요. 조경 일을 '현장'에서 시작했기 때문에 이 일을 계속하고 있는지도 모르겠어요. 다른 분야를 먼저 선택했다면 오래 못 했을지도 몰라요. 그렇다고 시공 일만 했다면, 조경을 바라보는 시야가 그리 확장되진 않았을 거예요. 설계도 접해보고 관리도 해보면서, 맡을 수 있는 일의 규모가 커진 거죠.

아이러니하게도 나무랑 멀어질수록 지혜 씨는 점점 더 성장하고 있네요.

그렇죠. 종종 현장에서 제가 발주한 나무가 들어오는 걸 확인할 때가 있어요. 나무가 제대로 들어왔는지, 수량이 맞는지 체크하는 것까지가 제 일이고, 나머진 그날 작업반장님들이 하거든요. 오랜만에 나무를 전지하거나 심고 싶어질 때가 있어요. 작업반장님을 도와 저도 하고 싶은데, 저희 사수님이 딱 선을 그으세요. 그러다가 내가 해야 하는 일을 놓칠 수가 있다고, 나무를 보지 말고 숲을 보아야 한다고. 처음엔 이해되지 않았지만, 지금은 무슨 말씀인지 확실히 알죠.

현장에서 직접 시공하는 분들을 관리하잖아요? 지혜 씨보다 연배도 위일 거고, 또 모두 남성이지 않나요? 그 안에 있을 때 가장 힘든 점은 무엇인가요?

모두 저의 아버지뻘 되는 분들이시죠. 현장 관리하는 사람으로 여성은 극히 적어요. 힘든 점이라고 하면…… 이젠 많이 무뎌졌는데요. '여성으로서 이 자리에 있는 것' 자체에 의구심 혹은 부정하는 시선들을 받아온 것? 뭐 지금도 비일비재한 일이고요. 자재를 싣고 온 화물차 기사님들이 전화 해서 제 목소리를 듣곤 전화를 잘못 건 줄 알고 되묻는 경우가 태반이었고, 회사에서도 채용할 때 반신반의했다고 들었어요. 이 일에 '여자'는 지원하는 것조차 드무니까요. 일을 시작하고 처음 내외부 관계자들을 소개받을 땐 모두 깜짝 놀라했고, 호기심과 의문이 꼬리표처럼 따라다니는 기분이었어요. 1년쯤 버티니 그런 시선들이 사라졌고 사내에서도 어느 정도 인정하는 분위기예요.

사실 이 자리는 열의가 없으면 누가 와도 힘들 거예요. 현장에서 부딪치며 계획과 일정을 조율해야 하고, 마감을 앞두면 주말 구분 없이 나와야 하고, 여름에도 땡볕에 서 있어야 하는 자리인데, 남자도 한 달을 못 버티고 도망가는 경우가 흔했거든요? 그럼에도 '여자'라는 이유로 한 번 더 시험대에 올라야 했어요.

이제는 저 역시도 저에 대해 너그러워졌달까요? 사람들이 그런 시선으로 보니 저조차도 '내가 여자라서 못 버티는 건 아닐까?' 하며 저를 못 믿는 시절이 있었어요. 하지만 그 시간이 지나고 나니, 성별을 따질 만한 일이 아니란 사실을 깨닫게 된 거죠. 이 일이 막 엄청난 괴력을 요하는 일이 아니거든요. 사람의 힘으로 할 수 없는 것들은 장비로 대체하면 되고요.

성별과 상관없는 일인데, 스스로 의심했다는 말이 아프게 다가오네요. 남초 직군에서 일하는 많은 여성이 겪는 일이겠지요?

그렇죠. '배려'라는 이름으로 '배제'를 당한달까요? 여자를 위하는 일이라면서 사실은 내가 일할 기회를 빼앗는 거잖아요. '나의 일'이면 '나의 일'로 두어야 하는데요.

일본에 있을 때 함께 일하는 동료 중에 여든 살 넘은 어르신들도 있었어요. 저와 주로 짝을 이루어 일했던 동료도 만으로 일흔여덟이었어요. 작업하던 중 무거운 짐이 있었나? 아무튼 동료에겐 좀 버거워 보이는 일을 제가 대신하려고 했어요. 제 딴엔 배려였는데 정중하지만 단호하게 거절하시더라고요. 그때 깨달았어요. 할 수 있다면, 해야 할 일 앞에선 나이도 성별도 중요하지 않다는 걸요. 나이가 많다고 해서, 혹은 여자라고 해서 기회를 박탈하면 안 된다는 것을요. 그걸 배웠기에 일본에서 나이 많은 어르신들과 일했던 게 좋은 추억으로 남아 있어요. 이름을 부를 때도 존칭 대신 어린아이나 편한 친구를 대할 때 쓰는 호칭으로 서로를 대했어요. 그렇게 많은 나이 차이에도 친구로 정이 든 게 처음이라 마지막 출근길에 울었던 기억이 나요.

— **배려라는 이름으로 당하는 배제 앞에서 어떤 태도를 보이셨는지 궁금해요. 그리고 알게 모르게 차별적 행동을 자주 겪으셨을 텐데, 그럴 때 스트레스는 어떻게 푸셨는지도요.**

처음엔 저도 어떻게 받아들여야 할지 몰라 날이 서 있었어요. 상대방이 무심코 한 행동이라 화를 내기엔 또 애매한 상황이었고요. 지금은 꽤 단호해졌어요. 반응이라는 것이 반사적이라서 익숙해지기까진 훈련이 필요한 것 같아요. 나중에 '이렇게 반응할걸' 하며 후회하지 않도록 바로바로 표현하려고 노력해요.

혼자 그런 과정을 겪다 보니 같은 고민을 들어줄 여자 선배나 동료가 필요하다는 생각을 많이 했어요. 그래서 나와 비슷한 처지에 놓인 사람을 열심히 찾기도 했고요. 마침 아름다운재단과 한국여성민우회에서 남초 직군에서 일하는 여성들의 모임을 주최해 참석했죠. 목공업, 자동차 영업직, 엔지니어, 카메라 촬영 스태프 등등 다양한 직군의 여성들이 모였고, 직업은 달라도 같은 주제로 공감하며 서로의 고충을 듣고 나누었어요. 하다못해 실컷 욕이라도 하면서 스트레스를 푸는 기회였죠. 모임을 마무리할 때는 그녀들과 함께 〈장도리클럽〉이라는 팟캐스트도 3회 정도 진행했어요. 어떤 문제에 대한 명쾌한 해결책이 나오는 것은 아니었지만, 이야기를 나누는 것만으로도 충분히 위로가 되더라고요.

회사에 온통 남자들뿐이니, 성비가 주는 외로움 같은

게 있어요. 그건 여초 직군에서 일하는 남성들도 마찬가지겠죠. 소수가 갖는 외로움과 고충이 있거든요. 같은 처지에 놓인 사람을 만나 서로의 고민을 듣고, 해결책을 나누며 어딘가 내 편이 있다는 생각에 마음도 단단해지고, 상처받지 않지 않도록 스스로를 지켜냈어요.

—— **"서로 연대하며 지금처럼 할 수 있는 걸 하자, 우리가 서로의 롤모델이 되자"라는 말은 이런 경험에서 나온 것이군요. 지혜 씨가 개척한 발자국을 따라올 후배들이 앞으로 생길 텐데, 그들에게 가장 해주고 싶은 말이 있다면요?**

음…… 사실 저는 기질적으로 겁이 많고 걱정도 많은 편이에요. 일을 새로 시작할 때도 끊임없이 돌다리를 두드리고 또 두드렸어요. 자료조사도 엄청나게 했고요. 일하기 전부터 남초 직군에서 일하는 여성의 강연회 같은 데를 찾아다녔어요. 간접적으로라도 어떤 환경에서 어떤 마음으로 일하는지 궁금했거든요. 생각해 보면 저는 해결책을 원했던 게 아니라 "할 수 있어. 괜찮아. 일단 해봐"라는 말을 듣고 싶었나 봐요. 나조차 내가 할 수 있을지 의심하던 때에 옆에서 "할 수 있어!" 해준다면 그보다 더한 응원이 어디 있겠어요?

종종 "너와 같은 일을 하려면 어떻게 해야 하니?"라고 묻는 친구들이 있어요. 돌다리를 두드려보는 이들의 심정

을 잘 알기 때문에 "괜찮아, 서로서로 롤모델이 되어주며 고민하자"라고 말할 수 있게 되었죠. 먼저 그 길을 걸어본 제가, 돌다리 열심히 두드려본 제가 감히 말해요. 당신은 어떤 일도 도전할 수 있다고. 만약 그 일을 하기에 버거울 정도의 힘이 필요하다면 그건 기계 장비한테 맡기자고요. (웃음)

지혜 씨는 올해 초 새해맞이 휴가로 일본에 다녀왔다. 팬데믹 이후 4년 만에 이전 직장의 동료들과도 만나고, 야쿠시마에서 꿀 같은 휴식 시간을 가졌다고 했다. 지난여름 그녀가 땀 흘린 현장은 잠실이었는데, 어느새 큰 프로젝트 하나가 끝나고 지금은 새로운 프로젝트를 시작해 부천의 한 물류센터 공사 현장에서 열심히 일하고 있다는 소식도 전해주었다.

지혜 씨가 다녀왔다는 야쿠시마의 원시림을 인터넷으로 찾아보았다. 미야자키 하야오의 애니메이션 〈모노노케 히메〉의 배경이 된 이곳은 3천 년 이상을 산 삼나무들이 가득한 신비로운 숲이다. 나무가 좋아 나무와 관련된 일을 하지만, 나무의 결과 향을 느낄 새 없이 기계가 내는 소음, 부산스러운 현장, 끊임없이 요구하는 사람들과 부대끼던 지혜 씨가 태고의 자연과 머무르며 어떤 생각을 했을지 궁금했다.

그녀가 전공한 심리학과 지금 하는 일인 조경이 본질적으로 닮았으며, 자신의 직업이 정원사에서 현장 감독이 되었어도 직업이 지닌 사회적 가치는 크게 다르지 않다던 그녀의 말을 곱씹어 보았다. 문득 지혜 씨가 더 크고 튼튼하게 자라기 위해 뿌리에 온힘을 쏟는 유형기의 나무와 닮았단 생각이 들었다. 수없이 스스로를 의심하고 돌다리를 두드리던 순간에도 내면의 뿌리를 단단하게 키워낸 사람, 그가 오래 나무 곁에서 일하기를 바란다.

INTERVIEW 02

대형 화물선 일등항해사 —
김승주

'소수'에서 '평균적인 수'가 될 때까지 잘해내고 싶어요

지마린서비스 화물선 일등항해사. 한국해양대학교를 졸업하고 컨테이너선에서 삼등, 이등, 일등항해사의 계단을 차곡차곡 밟은 지 올해로 9년 차가 되었다. 거대한 배에 실린 화물을 관리하고, 상급자인 선장의 보좌 및 배 안에서의 질서 유지를 담당한다. 항해사는 1년에 8개월 이상을 바다에서 보내기 때문에 성별을 불문하고 힘든 직업이며, 특히 여성 항해사는 세계적으로도 매우 드물다. 배 안에서 고립된 생활을 하며 일과 삶이 분리되지 않아 때론 괴롭고 외로운 날도 많지만, 그보단 바다에서 배운 것이 더 많다고 말하는 그녀. 단단한 꿈을 위해 바다와 육지의 시간을 허투루 쓰지 않는 자기계발의 끝판왕이다.

제주에서 태어나 바다를 매일 같이 보고 자란 아들은 다섯 살이 될 때까지 바닷물에 발가락 하나 넣지 못할 정도로 물을 무서워했는데, 그러면서도 바다에 대한 호기심은 어쩌질 못 해 밤마다 책장에서 쥘 베른의 (원작을 각색해 아동용으로 만든) 『해저 2만 리』와 남극 탐험을 다룬 『인듀어런스』 사진집을 뽑아왔다.

아이에게 책을 읽어주면서 문득 의문이 들었다. 200년 전, 100년 전의 이야기를 다룬 책들이긴 하지만 노틸러스 호의 네모 선장도, 인듀어런스 호를 이끄는 섀클턴도, 선원들도, 탐험가도, 사진작가도 등장인물 모두가 '남자'인 것이다. 그걸 의식한 순간부터 아이가 "왜 배 안에 여자는 없어?"라고 물으면 뭐라고 대답할지 고민했다. 오직 잠수함 창문으로 대왕오징어가 출현하는 장면만을 기다리던 아이는 정작 아무것도 묻지 않았지만 말이다. 그럼에도 아이가 바다를 항해할 수 있는 이는 '남자뿐'이라고 생각하면 어쩌나 걱정이 일었다. 인터넷 창을 열어 '여자 항해사', '여자는 배를 탈 수 없나' 등의 단어를 검색해 보기도 했다.

변수투성이인 바다와 생계가 직결된 뱃사람들에겐 오래전부터 미신이 많았다. 100년 전만 해도 동서양을 막론하고 출항하는 외항선에 여자를 태우면 재수가 없다는 말을 공공연하게 했고, 실제로 여러 이유로 여자 선원의 진입을 금지하는 항구도 있었다. 물론 그 시절엔 어떤 분야도 여성의 사회적 진출이 어려웠지만, '바다'라는 미지의 세계를 앞에 두고선 더 많은 차별과 제재가 있었을 것이다.

시간이 흐른 지금은 여성의 항해에 미신 카드를 꺼내는 일은 없을뿐더러 — 없다고 믿는다 — 승선 기회는 늘었고, 우리나라에서도 해양 관련 대학에 진학하는 여성 비율이 최근 20년간 4배 정도 높아졌다. 그렇지만 2020년 기준 전 세계 해기사의 여성 비율은 1~2퍼센트에 불과하며, 대형 화물선을 타는 여성 항해사의 비율은 0.12퍼센트라고 한다. 아직도 진입 장벽이 높다면 다른 구조적 문제가 있지 않을까?

그렇게 궁금증을 풀어가다가 알게 된 사람이 김승주 항해사이다. 전 세계 0.1퍼센트 안에 속한 그녀는 지마린서비스의 일등항해사로, 전 세계로 수출되는 물건이 담긴 컨테이너 1만 개가 실리는 거대한 화물선에서 일한다. 길이 350미터, 높이 64미터, 폭 46미터, 무게 113,412톤의 컨테이너선은 그 자체로 사방이 바다로 둘러싸인 고립된 섬이다.

그녀는 바다에서 6개월을 보내고 48일의 휴가를 얻는 삶을

9년째 이어가고 있다. 한국 땅에 발을 디디면 강연과 집필을 하고, 최근엔 뮤지컬도 배우면서 단 한 시간도 허투루 쓰지 않는다. CBS 〈세상을 바꾸는 시간 15분〉에서 항해사의 삶을 이야기했던 영상으로 승주 씨를 처음 접한 나는 그녀가 쓴 두 권의 책을 읽은 뒤 용기를 내어 편지를 보냈다. 북태평양 한가운데서 편지를 받은 승주 씨는 와이파이가 잡힐 때마다 성심껏 나의 질문에 답해주었다.

—

컨테이너선 항해사로 사신 지 올해로 9년 차가 되셨어요. 바다 위에서 어떤 일을 하시는지, 항해사의 전반적인 일을 설명해 주신다면요?

한국해양대학교를 졸업하고 실습항해사부터 시작해 삼등, 이등항해사를 거쳐 지금은 일등항해사로 일하고 있어요. 항해사는 한마디로 표현하면 누군가 주문한 화물을 바닷길을 통해 운반하고 목적지까지 안전하게 운송하는 역할을 하는 사람이죠. 그 외 우리가 싣고 가는 화물이 안전하게 있는지 매일 체크하고, 선체를 정비하는 등 배에 관한 모든 일에 관여하고 있어요. 직책에 따라 일하는 시간과 담당업무가 조금씩 다르고요. 일항사인 저는 우리 배의 최고 지휘자인 선장님 바로 아래 직급을 가진, 갑판부의 장이라고 생각하시면 된답니다. 상급자를 보좌하고 승무원들을 관리하는 일도 하고 있어요.

—

항해사가 되기 전까지, 어떤 준비와 노력이 필요한지 궁금합니다. 처음 일을 꿈꿨을 때와 현장에 있을 때를 비교한다면 어떤 차이가 있을까요?

일단 학교 수업을 열심히 들었어요. 배 타기 전엔 항상 항해사 인수인계서를 읽고 선박 용어와 선박에서 사용하는 영어를 숙지하려고 노력했고요. 실제 배를 타고 온 선배님

들을 만나 경험담도 들어 보았습니다. 하지만 아무리 열심히 준비하더라도 백문이 불여일견이라고, 직접 선박을 경험해 보니 예상과 다른 부분이 너무 많았죠. 첫 승선을 한 초보 항해사에게 학생 때처럼 모르는 것을 친절히 가르쳐주는 분위기는 아니었어요. 선원들은 자신의 업무로 분주했고, 나에게 주어진 일은 내가 노력해서 알아내야 했어요.

가장 달랐던 점은, 업무시간이 끝나도 선원들은 배라는 공간에 계속 있잖아요? 개인 시간과 개인 공간도 배의 안전을 위해 어느 정도 통제되기에 업무와 개인 시간의 경계가 모호한 것이 예상치 못한 일이었죠. 당황스럽고 힘들었어요. 그때 가장 큰 도움이 되었던 것은 어떤 힘든 일이 일어나더라도 이겨내야겠다는 스스로의 다짐이었어요. 배에 따라 사람에 따라 분위기는 계속 바뀌기 때문에 굳건한 정신력과 긍정적인 마인드가 많은 도움이 되었죠.

—

항해사가 된 계기는 같은 일을 하는 친오빠의 영향이 컸다고 들었어요. 오빠는 괜찮아도, 승주 씨가 항해사의 길을 걷기로 선택했을 땐 주변의 반대가 있지 않았나요?

어렸을 땐 항해사라는 직업이 있는 줄도 몰랐고요, 고등학생 때 세 살 터울인 오빠가 해양대학교를 다니면서 알게 되었죠. 오빠는 졸업 후 기관사가 되었는데, 어린 마음에 배 타는 오빠가 그저 멋있는 거예요. 오빠는 고된 일이라고 생각해서인지 저에게 적극적으로 추천하진 않았어요. 그런데 저는 모험하는 걸 좋아하고 잘 알려지지 않은 길을 가는 것을 좋아해요. 당시만 해도 배 타는 직업은 잘 알려지지 않았고, '미지의 분야'라는 생각이 들어서 꼭 한번 도전해 보고 싶었죠. 오히려 오빠는 배 타는 생활에 크게 흥미를 느끼지 못해 지금은 제주도에서 해양경찰로 근무하고 있어요.

항해사가 되겠다고 했을 때 부모님도 딱히 반대하진 않으셨어요. 언제나 그러셨어요. 제가 무언가를 하고자 할 때 늘 지지해 주셨죠. 어떤 일을 함에 있어 무조건 내 편이 되는 사람이 있다는 건 너무나 안심되는 일이고, 계속 나아가는 힘이 되는 것 같아요. 제가 두려움 없이 도전했던 건 무의식적으로나마 부모님이 응원해 주실 걸 알고 있었기 때문이에요.

저는 선원들과 추억을 쌓는 과정이 즐거워요. 배 안은 사실 전체적으로 분위기가 가라앉아 있어요. 새로울 것 없고 반복되는 일상 속에서 웃을 일이 점점 줄어들거든요. 기질상 같이 우울해 하기보단 그 분위기를 깨트리려고 하는 편이에요.

제 SNS를 보시면 아시겠지만 배 식구들과 함께 단체 릴스 퍼포먼스를 찍는 등 이벤트를 자주 열어요. 선원들과 목표를 정해 함께 추억을 쌓고 웃을 일을 만드는 거예요. 동료들이 행복해 하는 모습을 보며 느끼는 카타르시스 같은 게 있어요. 물론 삼항사 시절부터 단계가 올라갈 때마다 난관이 생기고, 힘들 때마다 항해사를 계속해야 하는지 심각한 고민에 봉착할 때도 있지만, 아직은 항해사라는 제 직업을 좋아하고, 무엇보다 바다를 사랑해요.

—— **항해사로 살면 "여자라서 배 생활이 힘들지 않냐"라는 질문을 가장 많이 받으실 것 같아요. 그런데 그 질문을 받고 처음엔 깜짝 놀라셨다고요?**

"힘들죠?" 하고 물으면, 저는 직업 자체에 대한 고단함을 물어보는 줄 알고 대답했어요. 그러면 "아니, 그게 아니라 여자라서 힘들지 않냐?"는 거예요. 저는 사실 성별에 크게 초점을 둔 적이 없어서 뭘 걱정하는지 잘 몰랐어요. 내가 남자만큼 힘이 세지 않아서 힘들다고 생각하나? 아니면 혼자 여자이기에 겪는 불편함 — 옷을 갈아입어야 한다든지, 화장실을 따로 써야 한다든지 등 — 을 말하는 걸까, 하며 질문의 의도를 고민했죠. 물론 그런 이유로 여성 항해사의 승선이 거절되는 경우도 있어요.

그런데 저는 그걸 '여성'이라기보다는 그냥 '항해사 김승주'에게 닥친 문제로 보거든요. 배를 타는 순간부터 저는 항해사니까요. 실제로 남자 선원들이 한 번에 들 짐도 저는 힘에 부쳐서 여러 번 나눠 들어야 해요. 그런 수고는 제가 더 열심히 해서 감당할 수 있거든요. 배를 타는 직업의 특성이지, 여자라서 힘든 점이라고 생각하지 않아요. 그 외에도 업무나 관계로부터 오는 스트레스는 성별을 따지지 않고 누구에게나 있잖아요. 저는 버틸 수 있다면 끝까지 버텨보는 편입니다. 정말로 힘든 건 나의 의지로는 어쩔 수 없을 때죠. 바다 한가운데 떠 있을 때, 할머니가 하늘나라로 가셨다는 소식을 들었어요. 그런데 저는 가족과 함께할 수 없었어요. 그런 게 너무나 힘들어요.

— **일하며 같은 고충을 나눌 동성의 동료가 없는 것도 참 힘든 부분일 것 같은데 말이죠.**

음…… 그것도 딱히 불편하다고 생각하진 않았어요. 배를 타면 스무 명의 선원 중 저 혼자 여성인 상황이 이제는 너무 익숙해요. 가끔 항구에 들어와 인터넷을 하면서 친구와 수다를 떨면, 고단했던 마음이 씻겨 내려가는 듯해서 한 명쯤 마음 나눌 여자 동료가 있었으면 좋겠다 바란 적은 있지만, 잠깐이었어요. 제 성격이 힘든 일을 오래 마음에 담아두지 않고, 문제가 발생하면 바로 해결책을 찾는 편이라 스트레스를 쌓아두지 않거든요. 기분이 꿀꿀할 땐 선원들과 노래방에서 노래를 부르거나 탁구 경기를 하면서 안 좋은 생각을 날리는 편이에요.

—— '여성'보단 '항해사'의 고충이라 답변하신 부분이 인상 깊어요. 그럼에도 항해사라는 직업은 여성 비율이 전 세계 1퍼센트밖에 되지 않잖아요. 그 이유는 뭘까요?

아무래도 아주 오래 집을 떠나 있어야 해서가 아닐까요? 보통 한 번 출항하면 6개월은 배에서 생활해야 합니다. 배 안에서 쉬는 날은 없어요. 대신 한 달에 8일이라는 휴가를 쌓아두었다가 하선하면 48일간의 자유가 주어져요. 두어 달의 휴가는 많은 항해사에게 6개월을 버틸 수 있는 원동력이 되기도 하지만 가장 힘든 점이기도 해요. 1년에 반년 이상을 고립감 및 외로움과 싸워야 하니까요. 잊히는 것은, 남녀를 불문하고 힘든 일이죠.

6개월 이상 육지와 떨어져 있으면, 가정을 꾸리고 출산을 생각하는 여성에게는 특히 어려운 일이에요. 출산 이후 육아를 하면서 아이를 반년 넘게 보지 못하는 것은 안정된 가정을 꾸리기에 적합하지 않다고 판단해서가 아닐까요? 그래서 여성들은 배를 타다가도 일찍 육상에서 자리를 구하는 일이 많고요.

— **듣고 보니 그러네요. 이런 상황에서 조금 다른 선택을 한 1퍼센트의 여성 항해사들에게 존경심이 생겨요. 언젠가 승주 씨도 선택의 기로에 서게 될 텐데, 앞으로도 계속하고 싶다고 하셨죠? 꿈이 '엄마 선장'이라고 들었어요.**

네. (웃음) 저는 욕심이 많아요. 열심히 일해서 경력도 쌓고 싶고, 이런 나의 열정이 보탬이 되어 해운 분야가 더 발전했으면 좋겠어요. 그런데 결혼도 하고 아이도 많이 낳고 싶어요. 일이 주는 행복과 가정을 통해 얻는 행복을 모두 느껴보고 싶거든요. 쉽지는 않을 거예요. 저도 처음엔 가정을 꾸리려면 배 타는 삶을 그만두고 육상에 자리를 잡아야 하지 않을까, 고민했어요. 그런데 제가 좋아하는 이 일을 다른 일로 포기하고 싶지 않더라고요. '왜 하나를 포기해야 하지? 두 마리 토끼를 다 잡을 순 없을까?' 생각하다가, 이런 저를 이해해 주는 사람을 만나 사랑한다면 가능할 것 같더라고요. 배 타는 여성이 드물지만 반드시 있듯이, 또 어딘가에는 이런 저를 이해해 주는 사람이 분명 있지 않을까요?

지금은 단지 여성이라는 이유로 사회적 진출을 금지하는 시대가 아니잖아요. 사회가 과거 전통적인 여성상을 바라고 강요하기보다 박수 쳐주고 응원하는 분위기고요. 국가 차원에서도 여성이 일할 수 있는 더 나은 환경을 만들어주지 않을까, 저는 긍정적으로 보고 있습니다.

— **실제로 '엄마 선장'이 된 동료나 승주 씨의 삶에 동기부여가 되는 사람이 있나요? 이 작은 1퍼센트가 모여 서로의 고충을 듣고 위로하는 모임이 있는지도 궁금해요.**

제가 '엄마 선장'을 목표로 삼은 이유는 제 앞에 이 삶을 사는 실제 롤모델이 없기 때문이에요. 배 타는 일과 가정이라는 두 마리 토끼를 잡은 분이 있다면 너무나 힘이 될 것 같아 저도 선배님들을 찾아다녔습니다. 하지만 제가 이상적으로 생각하는 삶을 살고 있는 여성 선장님은 만나 뵙지 못했어요. 그래서 이 꿈에 더 욕심을 내게 되었어요.

엄마 선장은 아직 없지만, 휴가 때 한국에서 여성 항해사인 동기와 선배님들을 자주 만나요. 국제해사기구IMO에서 해사 분야 여성네트워크인 '여성해사인협회Women In Maritime Association'를 세웠고, 한국에서는 2022년 5월에 처음 설립되었어요. 저는 지난 휴가 때부터 'WIMA KOREA' 운영진으로 활동하고 있어요. 항해사뿐만 아니라 해사 분야에 종사하는 여성들은 모두 참여가 가능한데, 이 모임이 다른 여성 항해사들을 만나 이야기를 나누는 좋은 기회였어요.

— **쓰신 책에서 "육지에 발을 딛고 서 있는 모든 순간이 감사하고 행복하다"라는 말이 인상 깊었어요. 휴가 기간 바쁘고 열정적으로 보내시는 것 같아요.**

BILGE SYSTEM

바다에서보다 육지에서의 시간이 현저하게 짧기 때문에 애틋한 건 사실이에요. 어떤 해는 땅을 밟는 시간이 2~3개월밖에 되지 않을 때도 있으니까요. 육지의 시간이 너무나 소중해 어떻게든 알차게 보내려고 노력해요. 책을 쓰고, 보디프로필 촬영에 도전하고, 겨울 한라산을 등반하고, 뮤지컬 공연을 하고, 북토크, 강연을 다니면서 저의 흔적을 남기기 위해 노력해요. 실패에 대한 두려움으로 '시간을 끌 시간'이 없는 거예요. 실패도 시간이 있어야 할 수 있는 거더라고요. 시간이 있어야 도전해 보고 시도한 것이 나에게 맞는지 안 맞는지 확인할 수 있고요. 그러다 보니 어느샌가 실패도 값진 경험이란 걸 알게 되고 두려움이나 망설임도 사라졌어요.

처음에는 모든 포커스가 육지에서의 시간에 맞춰져 있고, 바다 위 시간에 크게 의미를 두지 않았어요. 스스로도 '멈춰진 시간', '냉동인간이 되는 시간'이라고 생각했어요. 하지만 배에서 흘러가는 시간도 생각하기 나름이더라고요. 바다에서의 시간도 소중하게 생각하니 충분히 가치 있게 보낼 수 있었어요. 선원들과 개인의 목표를 설정하고, 공부하는 시간, 노래를 부르는 시간, 탁구 경기와 운동하는 시간, 자기계발을 하는 시간…… 육지에서만큼이나 값진 시간이죠. 그걸 깨닫기까지 8년이라는 시간이 걸렸어요.

— **바다 위에서의 시간도 허투루 보내지 않았기에, 책도 두 권이나 내신 게 아닐까 싶어요. 특히 두 번째 책 『오진다 오력』은 승주 씨를 롤모델 삼아 그 길을 가고자 하는 이에게 도움이 될 것 같더라고요.**

첫 번째 책인 『나는 스물일곱 이등항해사입니다』가 출간된 뒤에 후배들 앞에서 또는 북토크나 강연에서 나와 같은 꿈을 꾸는 이들을 만났어요. 그들이 저에게 가장 많이 했던 질문이 "항해사가 되는 데 필요한 능력은 무엇인가요?"였죠. 최선을 다해 답변을 해주었지만, 강연이나 북토크는 일회성이니까, 이걸 좀 더 정리해서 더 많은 사람에게 전해지면 좋겠단 생각이 들었어요. 특히 항해사를 꿈꾸며 공부하는 후배들에게 도움을 주기 위해서 키워두면 좋은 능력을 정리해 봤어요.

먼저, 항해사는 바다라는 특수한 환경과 제약이 있는 공간에서 생활하잖아요. 6개월 동안 보고 싶은 사람, 만나고 싶은 약속, 그리움들을 버틸 수 있는 정신력과 그 정신력을 보완해 주는 체력, 그리고 누구와도 잘 지낼 수 있는 사교력이 있으면 배에서 적응하기 쉽겠더라고요. 그리고 큰 배를 운항하다 보니 예측할 수 없는 변수에 대응할 담력과 끈기를 유지할 지구력이 필요한 직업이라고 생각해 이 다섯 가지 능력에 대해 정리했고, 그것이 계기가 되어 두 번째 책을 냈어요.

'소수'에서 '평균적인 수'가 될 때까지 잘해내고 싶어요

책을 읽으면서 '자, 내가 일단 항해사의 길을 뚫어놨어! 겁먹지 말고 나만 따라와 봐!' 하며 여성 항해사 후배들을 격려해 주는 듯한 느낌을 받았어요. 그들에게 또 전해줄 이야기는 없을까요?

가장 먼저 하고 싶은 말은 '배를 타는 직업이 정말이지 쉽지 않다'예요. 성별을 떠나 그냥 힘든 직업인 건 맞아요. 그래서 마음의 준비를 단단히 하셨으면 좋겠어요. 고립된 배에서 업무 시간과 개인 시간이 모호한 생활을 하는 것을 잘 견디고, 거친 바다와 정해져 있는 인간관계에서 오는 압박을 이겨내야 해요.

이렇게 겁을 주는 이유는 해운 분야에서 여성이 '소수'이기 때문입니다. 다른 항해사가 실수하는 것과 여성인 우리가 실수하는 것을 다르게 볼 수 있거든요. '여성'이라는 프레임이 씌워져서 더 큰 실수로 보일 수 있으니까요. 어떻게 보면 불공평하다고 느껴질 수도 있겠지만, '소수'에서 '평균적인 수'가 될 때까진 더욱더 잘 해내고 싶고 잘해야 한다고 생각합니다.

지금 내가 승선할 수 있는 것도 여성 선배님이 잘해 주셨기 때문입니다. 반대로 내가 잘해야 후배들도 계속 배를 탈 수 있다고 생각하고요. 후배들도 그 생각을 가지고 일에 임해 주셨으면 좋겠어요. 그리고 힘든 일이 있으면 혼자 끙끙 앓는 경우가 있는데, 혼자라고 생각하지 말고 선배나 주변 사람들에게 도움을 요청하면 의외로 간단하게 해결되는 경우가 많아요. 고민이 있으면 주저하지 말고 털어놓기를 바라요.

— **이렇게 겁(?)을 주셨지만 배 안에서 행복한 시간도 많죠? 바다 위에서 만났던 가장 벅찬 순간을 나눠주신다면요?**

태평양을 가로지르고 있던 때였어요. 당직을 서는데 저 멀리 바다 위에서 무언가가 보이더라고요. 처음엔 바위라고 생각했는데, 사방으로 수증기가 올라오기 시작하는 거예요. 놀라서 쌍안경으로 보았더니, 잠수함처럼 커다란 고래가 물을 뿜고 있었어요. 뿜어낸 물방울이 햇빛을 받아 반짝이며 흩어지고, 몇몇 물방울은 매끄러운 고래 등으로 다시 떨어졌어요. 너무나 신기하고 생경한 모습에 가슴이 벅차 한동안 넋을 잃고 고래만 쳐다봤던 기억이 나요.

고래는 우리 배 근처에서 세 번 정도 물을 뿜고 바닷속으로 들어갔어요. 물속으로 들어가면서 또 한 번 내게 인사하듯이 꼬리를 튕겼는데, 양 갈래로 나뉜 꼬리의 모습이 정말 인어공주의 꼬리랑 똑같더라고요. 생생한 고래의 모습이 아직도 눈에 선해요. 날마다 불안하고 외로운 항해사에게 이런 일은 다시 한번 힘내보라는, 하늘에서 주신 선물 같은 거죠.

편지를 주고받은 지 5개월쯤 지났을 때, 방송 〈유 퀴즈 온 더 블럭〉에 출연한 승주 씨를 TV를 통해 보았다. 오스트리아에 있는 한상영 지휘자는 줌ZOOM으로라도 얼굴을 마주하며 인터뷰를 진행했는데, 그녀와는 편지로만 답변을 받아 아쉬움이 컸던 터였다. 답변에서도 느꼈지만, 밝고 긍정적인 표정의 그녀를 보니 반갑기 그지없었다. 방송이 끝나고 주고받은 메시지에서 승주 씨는 "단 한 번도 내가 가는 길에 반대하지 않았던 부모님이 사실은 너무나 걱정하고 있었다는 걸 방송을 통해 처음 알았다"라며, 본인도 몰랐던 사실에 울컥 눈물이 나왔다고 했다.

나도, 함께 출연했던 승주 씨 부모님이 특히 기억에 남았다. 승주 씨가 탄 배는 달에 한 번, 한 항차를 마무리하면 한국에 잠시 돌아온다. 돌아오지만 배에서 내릴 순 없는 시간이다. 그때마다 부모님은 새벽이고 밤이고 상관없이 멀리서라도 딸의 얼굴을 보기 위해 항구에서 배를 기다린다. 딸이 중국이나 싱가포르 등 아시아 지역에만 있어도 심적으로 가까워진 기분이 든다고 하셨다.

반년 동안 돌아오지 못하는 외로움과 고립감은 거대한 화물선 속 승주 씨에게만 있는 줄 알았는데, 남겨진 사람들도 멀리 있는 항해사를 그리워하고, 거대한 바다 앞에서 고립감을 느끼고, 외로워한다는 사실을 문득 깨달았다. 화물선이란 섬에 고립된 이를 생각하고 날마다 그를 위해 기도하고 응원하는 가족이 있다는 것은, 승주 씨에게 더없는 위로가 되겠지?

승주 씨의 꿈은 '엄마 선장'이다. 나는 이 말이 좋아서 그녀의 인터뷰 글을 다듬을 때마다 어디 '엄마 선장'이 들어갈 자리가 없나 문장을 훑곤 했다. 선내 최고 지휘자 자리에 '엄마'라는 수식어가 들어간다니!

실제 선박을 운항하지 않더라도, '가족이라는 배의 선장은 누구죠?' 하며 '아빠'라는 답을 유도하는 질문을 우리는 숱하게 들어왔다. 이제 그러지 않아도 된다. 가족을 책임질 사람은 아빠도, 엄마도 될 수 있으며, 선장 앞에 후크나 네모, 잭 스패로우 대신 '김승주'를 넣을 수도 있다! 열한 번째 휴가를 마치고 다시 배에 오른 승주 씨는 지금쯤 어느 바다를 가로지르고 있을까? 욕심 많은 그녀가 '엄마'와 '선장' 두 가지 행복을 잘 잡아 누리기를 바란다.

여성이 보호받는 위치에 있기를
그만두면 어떤 일이 생길까,
나는 현관문을 열며 생각했습니다.

버지니아 울프, 『자기만의 방』

INTERVIEW 03

오케스트라 지휘자 —
한상영

늦은 나이에
전통적인 유리천장에
도전하다

단국대학교에서 작곡을 공부했고, 뒤늦게 '지휘'라는 분야의 매력에 흠뻑 빠져 같은 학교에서 합창 지휘로 석사학위를 받았다. 오케스트라 지휘를 제대로 공부하고 싶어 2018년 오스트리아 빈국립음악대학교에 입학, 지휘학과 오페라 코칭을 공부했다. 마린 알솝, 우로쉬 라이요비츠 등 대지휘자들의 마스터클래스 과정을 수료하고 현재 빈에서 거주하며 오페라 코칭 어시스트 및 지휘자로 활동하고 있다. 온전한 감동을 전하는 연주, 선한 영향력을 끼치는 음악, 지휘자 한상영이 만드는 아름다운 무대를 위해 날마다 최선을 다한다.

도쿄 올림픽에 '서핑'이라는 종목이 처음 채택되어 결승전 중계를 본 적이 있다. 일본의 이가라시 선수는 서퍼였던 부모님의 영향으로 엄마 배 속에 있을 때부터 '서핑 선수'로 길러졌다. 임신 사실을 알자마자 부모는 미국으로 이주했고, 이가라시는 세 살 때부터 지금까지 최고의 서핑 훈련 코스를 밟아왔다. 그는 본인에게 가장 잘 맞는 파도를 기다렸다가 고도의 기술을 통해 최고점을 받는 방법을 쓴다. 파도를 고르는 일도 서퍼의 역량 가운데 하나니까.

반면 브라질의 페헤이라 선수는 빈민촌에서 자란 어부의 아들이었다. 보드 하나 마련할 수 없던 어린 시절엔 생선을 보관하던 아이스박스 뚜껑을 가지고 파도를 탈 정도로 서핑을 사랑했다. 그의 기술은 파도를 가리지 않는 것. "어떤 파도가 와도 부딪혀 이겨내는 챔피언의 자질을 갖춘 자"라고 소개하는 걸 보니, 해설가는 그의 우승을 예견한 것 같았다.

결승전이 이뤄지는 바다는 태풍이 오기 직전이라 파도마다 거칠기 짝이 없었다. 해설을 들으며 경기를 보니 이가라시는 계속해 파도를 포기했고, 페헤이라는 동작을 완성하지 못해도 매번 파도 속으로 뛰어들었다. 심지어 타던 보드가 두 동강이 났는데도 크게 동요하지 않았다. 나는 해설가가 경기 중에 했던 말을 아직도 기억한다. "똑같은 파도는 절대 오지 않습니다. 다만 주어진 파도 위에서 열심히 하면 됩니다. 그런 면에선 인생과 (서핑은) 비슷하죠."

집안에 내로라하는 예술가를 배출하기 위해선 3대가 같은 길을 걸어야 한다는 말이 있다. 조부모, 부모 시대를 거쳐 손주 시대에서 마침내 빛을 발한단 의미이다. 그만큼 예술의 길은 좁고 힘드니, '백그라운드'를 무시하지 못한단 뜻이리라. 사실 예술에만 한정된 말도 아니다. 개인이 지닌 배경은 재산이자 권력이며 점점 더 중요한 가치가 되어 '금수저를 물었다'라는, 애먼 부모까지 죄책감 들게 하는 고약한 표현도 생겼다. 백그라운드가 전무한 나는 그 말에 동의하고 싶지 않지만. 그래서 페헤이라 선수의 배경에 열광하는지도 모르겠다.

오스트리아 빈에서 활동하는 한상영 지휘자가 "음악을 하고 싶단 생각을 열여덟 살 때 했어요"라고 말했을 때, 나는 깜짝 놀랐다. 잘 알진 못 해도 보통 이 바닥은 열 살이 되기도 전에 승부를 결정짓는 세계가 아니던가. 예중 예고를 나와도 늦었다고 할 판에, 대학에 가서야 본격적인 공부를 시작한 사람이라니, 나는 제대로 호기심이 일었다.

2023년 6월, 휴가차 오스트리아 빈에 가 있던 출판사 대표님이 사진 한 장을 메시지로 보냈다. 사진 속엔 공연을 끝내고 관객들에게 인사하는 한국인 여성 지휘자가 있었다. 여섯 명의 젊은 지휘자가 번갈아가며 포디움에 서는 독특한 형식의 심포니 공연이었다. 한국인 여성이 무대에 선 것도 놀라운데 압도적인 퍼포먼스를 펼쳐서 더욱 인상 깊었다며, 사진을 보내준 것이다.

'오케스트라 지휘자' 역시 단단한 남초 직군 중 하나다. 여성을 오케스트라 단원 앞에 세운 역사는 100년도 채 되지 않으며, 이름 있는 오케스트라 상임지휘자의 여성 비율은 전 세계 5퍼센트에 불과하다. 음악적 조예가 깊은 나라일수록 여성에 대한 장벽은 더 높다. 하지만 최근 젊은 여성 지휘자들의 수가 급증했고, 〈라 마에스트라〉와 같은 여성 지휘자들만을 위한 콩쿠르도 생겼다. 한상영 씨도 이 유리천장을 깨려는 젊은 여성 지휘자다. 수소문 끝에 그녀와 연락이 닿았고 우리는 줌으로 얼굴을 보며 대화했다.

어떻게 지휘 공부를 시작하게 됐을까

"뭘 몰라서요. (웃음) 무지했기 때문에 여기까지 오게 되었어요. 열여덟 살이 되어서야 마침내 음악이 하고 싶어졌는데, 아시다시피 시작하기엔 너무 늦은 나이잖아요. 악기 쪽으로는 아무 데도 지원할 수가 없었고요. 그래서 선택한 길이 작곡과예요. 지휘는 대학원을 가서야 시작했죠. 제로베이스에서 작곡을 공부할 땐 정말이지 힘들었는데, 작곡을 바탕으로 지휘자의 길에 들어선 것은 또 신의 한 수였어요."

음악을 하는 집안도 아닌 데다 대학을 가서야 공부를 시작한 상영 씨는 정보의 인프라가 너무나 부족했다. 작곡을 공부하면서 막연하게 지휘에 대한 마음이 커졌다. 합창 수업 때 지휘자의 행동과 말에 매료되었고, 일반 대학교 동아리에 지휘자가 필요하다는 말에 선뜻 지원해 합창을 맡기도 했다. 마침 합창 붐이 일면서 다니던 학교 대학원에 지휘로 유명한 교수님이 초빙되었는데, 상영 씨의 소식을 듣고 먼저 대학원 진학을 제안하셨단다.

"작곡도 지휘도 다 처음이잖아요? 그런데 작곡을 할 땐 그렇게 힘이 들었는데, 지휘는 자꾸만 알고 싶고 더 배우고 싶고, 계속 부딪쳐보고 싶더라고요. 합창 지휘를 하고 나니 오케스트라 지휘도 배우고 싶었어요. 유학도 계획에 없던 일이죠. 아예 생각 자체를 하지 못했어요. 그런데 우리 과 교수님께 지휘를 배우고자 미국에서 역유학을 왔던 선배가 말해주었어요. 모든 분야가 같겠지만, 지휘는 특히 실습이 중요하다고요. 책상에 앉아 공부하는 것만큼 오케스트라든 합창단이든 불러놓고 합을 맞춰가야 실력이 는다고요. 우리나라는 아직 시스템이 완벽하지 않기 때문에 사비를 들여서 단원을 모아야 해요. 반대로 외국은 학교 차원에서 모든 제도를 마련하고 제공해 준대요. 그 말을 듣고서 유학을 결심했어요."

이십 대 후반에 오케스트라 지휘를 배우고자 유럽에 가기로 마음을 먹었다. 지휘도 지휘지만 일단 상영 씨는 독일어부터 배워야 했다. 뒤늦게 꿈을 이루기 위해서 거대한 산과 마주쳐야 했지만 시작하는 것을 두려워하진 않았다. 언어는 특히 죽기 살기로 공부했다. 악기를 다루는 단원이었다면 언어에 목숨을 걸진 않았을 것이다. 하지만 지휘는 각 분야에 있는 단원들과 끊임없이 소통해야 하는 자리가 아닌가. 생각과 감정을 모두 끌어모아 표현하는 지휘자에게 언어가 걸림돌이 되어선 안 되니까.

"주변에선 걱정이 많았죠. 남들은 결혼하고 가정을 꾸리기 시작하는 나이에, 독일어부터 배워야 하는 일을 시작하겠다니……. 그런데 그런 나이라 해서 새로운 걸 도전하면 안 되나요? (웃음) 저는 그저 이 단계 왔으니, 다음 단계 생각하기 바빴어요. 다음 단계를 통과하면 그다음 단계 생각하고요. 나의 길을 내 속도대로 걸었어요. 아유……, 그런데 독일어는 정말 어려웠습니다. 1년 정도는 속을 끓였어요. 지금은 언어라는 파도는 넘었다고 생각될 만큼, 독일어 걱정은 한시름 놓았죠."

가장 중요한 건, 나를 믿는 것

상영 씨는 2018년에 빈국립음악대학교Universität für Musik und darstellende Kunst Wien에 들어가 지휘학과 오페라 코칭을 공부했다. 유명 지휘자 마린 알솝Marin Alsop, 우로쉬 라이요비츠Uroš Lajovic, 안드레스 오로스코-에스트라다Andrés Orozco-Estrada의 마스터클래스 과정을 수료하고 여러 극장에서 오페라 코칭 어시스트로 활동했다. 빈 심포니 오케스트라 및 시립 오케스트라, 빈 라디오 심포니 오케스트라, 베베른 캄머필하모닉, 플로브디프 오페라 오케스트라 등과 함께 작업하며 7년째 오스트리아와의 인연을 쌓아가고 있다.

'지휘자'는 하나의 작품을 만드는 데 전체적인 틀을 잡는 사람이다. 상영 씨처럼 오케스트라 단원 앞에서 지휘봉을 들고 연주를 이끄는 사람에게 직접 사용하는 단어지만, 기업을 이끄는 대표, 출판사 편집자, 방송국 프로듀서 등 협업하는 사람들과 소통하고 설득하며, 가장 좋은 것을 만들어내야 하는 사람에게도 흔하게 쓰는 말이다.

나 역시도 '글'이라는 범주 안에서 지휘를 한다. 십수 년 사람을 만나고, 이야기를 써왔지만 할 때마다 처음처럼 힘들다. 사람에게서 가장 좋은 것을 어떻게 이끌어내야 할지 두려웠다. 그래서 상영 씨에게 물어보고 싶었다. 단원들을 어떻게 지휘하냐고, 어떻게 이 많은 사람의 마음을 한데 모아 작품을 만들어내냐고, 그때 가장 중요하게 생각하는 것은 무엇이냐고.

"변수의 연속이에요. 출판사 대표님이 빈 무지크페라인Musikverein에 와서 감명 깊게 보셨다는 제 공연은 졸업연이었어요. 이미 대단한 지휘자와 합을 맞춰본 프로페셔널한 단원들을 새내기 지휘자가 통솔해야 했던 프로그램이에요. 처음 연습할 땐 얼마나 힘들었는지 몰라요. 단원들이 제 말에 대놓고 비웃기도 하고, 무슨 말인지 도통 모르겠다며 어깨를 으쓱 해요.

안 따라줄 때도 얼마나 많겠어요. 두렵고 힘들고, 울고 싶었어요. 그럴 때마다 마음을 다잡으며 가장 중요한 것을 붙들어요. 그건 '나를 믿는 것'이죠. 이 곡을 통해 어떤 메시지가 전달되었으면 하는지, 내가 열심히 공부해 해석한 곡을 끝까지 믿어보는 거예요. 그리고 단원들과 소통하고 설득하는 시간을 가져요. 날마다 긴장감과 두려움의 연속이에요. 하지만 그 긴장감은 삶에 꼭 필요한 것임을 이제는 알죠."

빈 라디오 심포니 오케스트라와의 그 연주는 리허설 때야 비로소 미세하게 자신의 지휘를 따라오는 것 같았지만 결국 완벽한 합을 맞추지 못한 채 무대에 올라섰다. 그런데 웬걸, 포디움에 올라가 단원들을 바라보았는데, 표정이 완전히 바뀌어 있었다고. 연습 땐 본인을 쳐다보려고도 하지 않던 단원들이 이글이글 타오르는 눈빛으로 본인의 지휘를 기다리고 있었단다. 안 듣는 척하면서도 그녀의 말에 동의하며 따르고 있었다. 물아일체가 되어 연주하고 우레와 같은 박수가 터져 나오면, 그땐 그 무엇과도 바꿀 수 없는 기쁨이 온몸을 타고 흐른다. 나의 믿음은 틀리지 않았구나, 안심하게 된다.

견고하고 보수적인 음악당에 오르기까지

오스트리아의 빈은 베토벤, 슈베르트, 요한 슈트라우스 등 위대한 음악가들이 머물며 수많은 명곡을 남긴 클래식 음악의 성지이다. 음악을 공부하는 사람들은 물론, 클래식을 사랑하는 사람들에겐 가보고 싶은 도시 1순위이다. 그렇게 음악적 조예가 깊은 도시이지만 보수적인 면도 상당하다. 빈 필하모닉은 1997년에야 처음으로 여성 오케스트라 단원을 허가했을 정도니, 단원을 통솔해야 하는 지휘자의 자리는 지금껏 여성에게 내준 적이 없다. 상영 씨가 공부했던 학교에서도 지휘를 공부하는 동기 여성은 단 한 명이었다고.

"단원들이 무례한 행동을 할 때는, 내가 '아시아인에다 여성'이어서 그런가 싶어 차별의 감정을 100퍼센트, 200퍼센트 느끼기도 했죠. 요즘은 반대로 여성 지휘자가 세계적으로 각광 받는 시대가 되었어요. 오히려 동기 남자 지휘자들은 '역차별' 아니냐며 불만이 많아요. 그간 남성들이 당연하게 누리던 일이 시간이 흐르며 트렌드가 되자, 여성들이 받는 특혜라고 생각하는 거죠. 여성 지휘자가 무대 위에 선 역사는 100년밖에 되지 않았거든요. 1세대 여성 지휘자는 그 자리를 지키기 위해 사실 여성성을 버린 거나 다름없어요. 일부러 남자처럼 지휘했어요. 그 시대는 그걸 요구했고요. 그렇게 겨우 자리를 지켜내면서 시행착오를 거치며 성장한 거죠. 지금도 계속해 발전하고 있는 과정이라고 생각해요."

상영 씨는 오히려 '결핍'이 주는 성장이 있다고 믿는다. 어릴 적부터 (아니, 지금까지도) 그녀는 아버지에게 "아이고, 우리 딸 참 잘했구나" 하는 말을 들어본 적이 없단다. 은연중에 상영 씨는 주위 사람에게 인정받고 싶은 욕구를 키우며 살았다. 그 목마름이 스스로 노력하게 만들고, 한 발짝 나아가게 하는 원동력이 되었다. 그녀는 그것을 '오기'라고 표현했다. 어쩌면 원망이나 인생의 걸림돌이 될지도 모르는 일을 오히려 도약하는 디딤돌로 삼았다. 결핍은 그녀를 성장시켰다.

그 옛날 (아니, 지금까지도) 지휘하기 위해 오디션 무대에 오르는 여성들도 같은 마음이 아니었을까? "여자는 생물학적으로 지휘를 할 수 없다"며 콩쿠르에 여성 지휘자가 올라올 때마다 재킷을 뒤집어쓰고 연주 보기를 거부했다는 심사위원들 앞에 당당히 섰던 여성들 말이다. 인정하지 않는 사람들에게 좌절하기보단 '오기'로 재능을 키우던 여성들은 결핍으로부터 키워온 노력과 분투로 여기까지 온 게 아닐까?

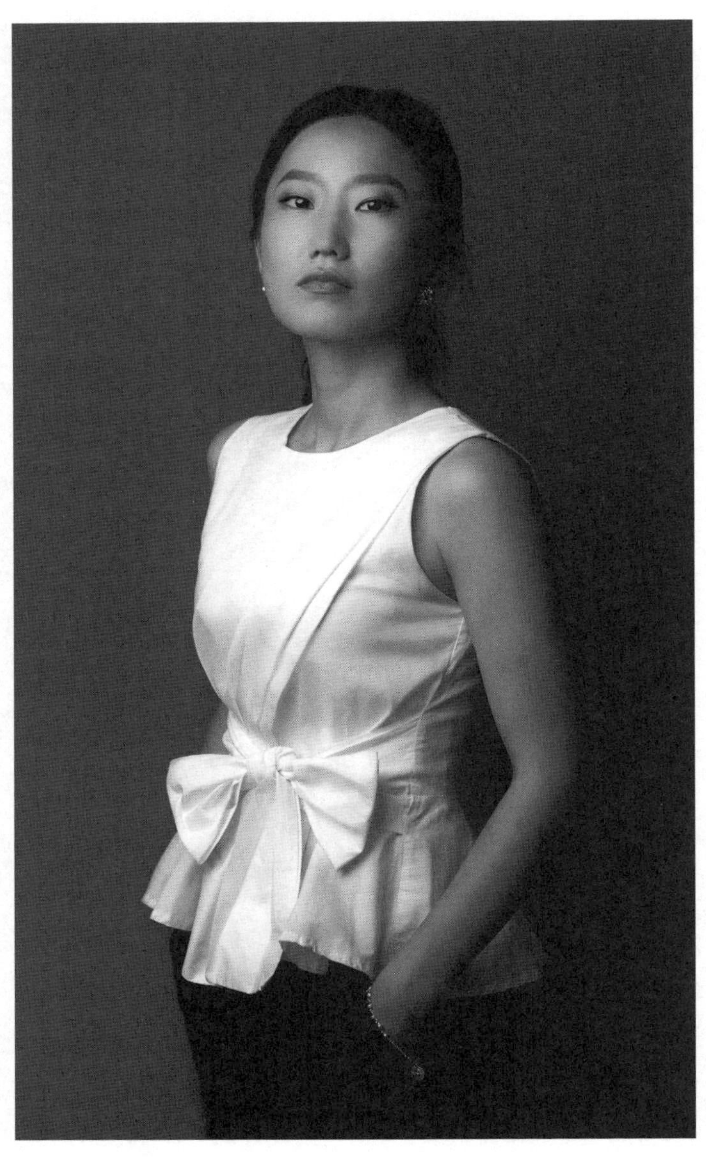

지휘가 좋아질수록 나 자신이 좋아졌다

상영 씨는 아주 어린 시절부터 사람은 왜 사는지, 죽음은 무엇인지, 답을 알 수 없는 질문들을 고민하느라 힘들었다고 했다. 스스로 감당이 되지 않을 만큼 눈물도 많고 감정의 폭도 넓은 예민하고 섬세한 아이였다. 그땐 그런 감정이 예술적 기질인 줄 알아차리지 못했다. 음악을 시작한 시기만큼 자기 자신을 사랑하는 방법도, 스스로 만족할 줄 아는 방법도 더디게 찾아왔다. 오랫동안 헤매던 시간이 아깝지 않을 만큼 지휘가 좋았고, 또 지휘가 좋은 만큼 자기 자신이 좋아졌다고 했다. 나를 사랑하면서 많은 문제들도 자연스럽게 회복되었다.

> "내 인생에 가장 기쁜 순간은 연주하는 바로 그 순간이죠. 다른 지휘자들도 같은 대답을 하지 않을까요? 연주하는 순간의 희열은 어떻게 설명할 수 없어요. 무대를 준비할 때는 '아, 진짜 때려치워야 하나 보다' 좌절하다가도, 무대 위에서 느꼈던 희열이 주는 보상이 너무 커서 또다시 일어서는 거예요. 무대를 마치고 사람들의 감상을 듣는 것도 행복하죠. 음악이 전달해 주는 느낌과 감동은 각양각색이잖아요? 음악에 대해 아는 사람과 모르는 사람이 받는 느낌도 천지차이고요. 언젠가 내 공연을 본 친구는 '연주를 듣는

데, 너와 나의 인생이 파노라마처럼 펼쳐졌다. 그 노래를 전혀 몰랐는데 매일 아침저녁으로 들었다'는 이야길 전해주었어요. 그러면…… 뭐가 더 필요할까 싶어져요."

그러나 연주 중의 무아지경과 끝난 뒤의 성취감, 더 바랄 것 없게 만드는 박수 소리는 잠시뿐이다. 이제는 무대 위에서 내려올 일밖에 남지 않았다. 오직 그녀에게만 집중해 있던 사람들은 금세 공연장을 빠져나가고, 곧 혼자가 된다. 철저하게 고독한 시간과 마주한다. 잠시 미뤄두었던 미래에 대한 불안, 과거의 슬픔, 허무함, 좀 더 잘하고 싶었던 마음 등이 물밀듯이 쏟아지면, 또 그 시간과 싸워야 한다. 하지만 이제는 잘 안다. 그 괴로움을 충분히 달래주어야 또 지나간다는 것을.

"이 세계에서 대단해지고 싶은 욕망과 함께, 아무리 애를 써도 나는 우주의 먼지처럼 하찮은 존재임을 인정하는 마음. 이 두 가지를 받아들이는 연습을 해요. 내가 곡을 잘 해석하고 관객들에게 사랑받는 유명한 지휘자가 되고픈 마음도 인정해 주고, 그렇지 않더라도 나는 좋아하는 일을 업으로 삼은 행복한 사람임을 환기하는 거죠."

그녀는 지금까지 음악에 대한 개인적인 욕망과 만족을 위해 내달려왔다. 늦게 시작한 만큼 역량을 키우기 위해 쉴 새 없이 노력했을 것이다. 지금은 개인의 만족감에서 한 걸음 더 나아가 사람들에게 좋은 영향력을 끼치는 사람이 되고 싶다고 했다.

> "저는 모든 인간에게 '소명召命'이 있다고 믿는 사람이에요. 내가 왜 세상에 태어났을까, 내가 세상을 위해 할 수 있는 일이 있지 않을까, 늘 생각해요. 저는 음악이라는 도구로 아주 사소하지만 건강한 영향력을 끼치는 사람이 되고 싶어요. 누군가에게 작은 감동을 주었다면 제 소명에 충실한 것이 아닐까요? 다른 것에 욕심부리지도, 방만하지도 않으면서 각자의 역할에 충실하다면 세상은 그 자체로 정의로워질 거예요."

삶의 목표가 단순히 '유명한 지휘자'였다면, 상영 씨는 음악을 시작했을 때, 지휘를 선택했을 때, 유학의 길을 나섰을 때 등 중요한 선택을 앞에 두고 마음의 갈등은 더 심했을 거라고 했다. 상영 씨는 고비가 올 때마다 '지휘자'이기보다 '분별 있는 사람'이 되고자 했다. 단순히 유명해지고 싶어서 톱 지휘자가 되고 싶은 건지, 좋은 영향력을 끼치는 사람이 되고 싶은 건지, 지금도 늘 자신을 점검한다.

"앞선 시대의 대가들과 동료들의 연주를 들으며 저 또한 많은 영감을 받아요. 그중에서도 특히 지휘자 레너드 번스타인을 좋아합니다. 애써 꾸미지 않아도 인간이 느낄 수 있는 가장 큰 감동을 자연스럽게 끌어내는 그의 지휘는, 제 삶과 연주가 추구하는 방향과 같아요. 감정이라는 게 워낙 주관적이고 추상적이라서 음악을 하는 사람끼리도 서로 같은 감정을 느끼는 게 어려운데, 제가 마음속으로 생각하는 음악을 똑같은 깊이와 넓이로 그대로 보여주는 것 같아요. 지휘자로서 권위보다는 음악 그 자체에 몰두해 순수하게 표출하는 모습이 아름다워요. 저도 그런 음악가가 되고 싶습니다. 음악을 향한 순수한 마음이 전달되어 저의 연주에도 감동이 있기를 기대해요. 번스타인을 비롯해 존경하는 지휘자는 정말이지 많지만, 굳이 정해놓은 롤모델은 없어요. 결국은 '나의 음악'을 보여드려야 하니까요. 지휘자 한상영의 음악 세계를 구축하고자 멈추지 않고 노력하고 있어요."

오케스트라 지휘자 — 한상영

상영 씨와 줌 인터뷰를 하던 시기는 긴 여정의 학업을 끝내고, 사회로 첫발을 내딛던 때였다. 때마침 내가 보냈던 인터뷰 질문지가 다음 걸음을 준비하면서 자신의 지나온 삶을 돌아보는 데 도움이 되었다며 고마워했다.

그녀는 졸업 후 한오 필하모닉 오케스트라에서 지휘자 마르틴 하젤뵈크Martin Haselboeck와 함께 부지휘자로 연주했고, 2024년엔 오스트리아 한인기업 판아시아가 주최하는 신년음악회에서 지휘를 맡아 연주하는 등 다양한 사람들과 다양한 음악을 시도하며 바쁘게 시간을 보내고 있었다. 올해 9월부터는 빈 국립 오페라 극장Wien Staatsoper에서 어시스트 및 오페라 코칭으로 일하게 되었다는 기쁜 소식도 전해주었다. 가끔 인스타그램으로 업데이트되는 그녀의 무대 영상을 살펴본다. 짧은 영상임에도 당참과 열정이 그대로 뿜어져 나왔다. 언젠가 나도 직접 그의 무대를, 그의 가장 행복한 순간을 직관할 수 있겠지?

그녀가 정의定義했던 '정의正義로운 세상'을 종종 생각했다. 각자가 맡은 자리에서 최선을 다한다면, 서로의 자리를 욕심

내거나 맡은 일을 게을리하지 않는다면, 세상은 정의로울 거라는 말이, 위로가 되면서도 한편으론 수없이 누군가와 비교하며 나를 믿지 못하고 나의 백그라운드를 탓했던 시간이 생각나 부끄럽기도 했다. 위대한 지휘자들에게 영감을 받고 자신만의 음악을 쌓아가고 있는 '한상영'에게 나는 영감을 받는다. 무엇보다 나 자신을 믿고 용기를 내봐야지, 나의 세계에 최선을 다해야지, 오늘도 주어진 인생의 파도에 내 몸을 맡겨 보겠다고 다짐해 본다.

INTERVIEW 04

화재진압 소방관 —
박수민

나의 꿈은 단지 '현장에서 오래 일하는 것'이에요

양주소방서에서 근무하는 화재진압대원. 다니던 대학교를 자퇴하고 소방학교에 들어가 2020년 공개경쟁 채용에서 26대 1의 경쟁률을 뚫고 스물두 살이라는 나이에 경기도 소방공무원에 임용되었다. 수민 씨가 시험을 보던 해 그 지역에서 뽑은 소방관 수는 남자 500명, 여자 15명이었다. 5퍼센트가 채 되지 않는 여성 소방관들은 선발이 되어도 대부분 내근직으로 근무하지만, 현장에서 불을 끄는 대원으로 일하고 싶어 남자도 따기 힘들다는 인명구조사 자격증을 취득했다. 지금도 계속 현장에 남을 방법을 궁리하며 맡은 일에 최선을 다한다.

바깥에 소란이 느껴져 나가봤더니, 단지 안에 소방차와 구급차가 대기하고 있었다. 엘리베이터가 없는 4층짜리 빌라 건물 꼭대기 층에 무슨 일이 생긴 듯했으나 불이 난 것은 아니다. 두 명의 소방대원이 사다리를 타고 올라가 망치로 베란다 창문을 깨뜨리고 내부로 진입하려 애쓰고 있었다. 위태로워 보이는 시간이 지나고, 두 명의 대원이 빈손으로 천천히 계단으로 내려왔다.

함께 광경을 지켜보던 주민들의 말을 열심히 귀동냥한 결과, 집주인이 지병이 있는데 연락이 되지 않아 가족이 119로 신고를 한 모양이다. 문을 열어주지 않아서 베란다로 어렵사리 진입했지만, 집 안엔 아무도 없었다. 다행인 건지 허탈한 건지 나조차도 애매한 심정이 되었다. 평생에 걸쳐 112와 119 버튼을 눌러본 적 없는 내가 가장 가까이에서 직접 목격한 긴급출동 사건이었다.

화재진압이 아니더라도 소방관이 출동하는 이유는 다채롭다. 구급차로 응급환자를 이송하거나, 긴급상황에 사람을 구조하는 일은 물론, 베란다 난간 사이로 무심코 집어넣었다가

도로 빼질 못 하는 꼬맹이의 머리를 원상복구 시켜주는 것도 소방대원의 역할이다. 로드킬 당한 동물의 사체를 치우는 일도, 말벌의 벌집을 제거하는 것도, 길이 막힌다는 이유로 꾀병을 부려 구급차를 부른 얌체 인간을 마주하는 일까지도…….

최근 응급 경보 사이렌을 울리는 소방서가 시끄럽다고 인근 아파트 주민이 단체로 민원을 넣은 사건만 봐도, 광범위한 소방관의 역할만큼 스트레스가 되는 상황도 무척 다양함을 알 수 있다. 절박한 상황에서 어쩌지 못하는 인간의 본성과도 마주하고, 감당할 수 없는 일 앞에서 무력감을 느끼는 순간도 만나겠지만, 사실 그것보다는 인간의 존엄을 깨작깨작 갉아먹는, 상식 이하의 일들에 훨씬 더 큰 회의감을 느끼는 직업이 아닐까. 하물며 여성 소방관은 또 얼마나 많은 고충이 있을까.

『출동 중인 119구급대원입니다』를 쓴 저자는 여성 구급대원이다. 응급환자가 생겨 출동했을 때 환자의 어머니가 "여자가 오면 어떻게 하냐"며 저자에게 항의도 하고, 함께 일하는 동료도 당직 때 같은 팀이 되면 대놓고 싫어하는 티를 내기도 했단다. 여성으로서는 최초로 '최강소방관대회'에 출전해 이슈가 되었던 김현아 소방장 역시 〈경향신문〉과의 인터뷰에서 '여자가 무슨 들것을 들어?' 하며 불신의 눈빛을 받았다고 토로했다. 구조대상자가 숨이 넘어가는 상황이니 설명할 틈도 없었다. 그냥 환자 둘러업고 병원으로 달려갔고, 어느 정도 상황이 진정되고서야 보호자가 다가와 자신의 언행을 사과했단다. 그런 과정들을 겪으며 그녀는 생각했다.

"나는 일단 무시를 받고 나서 이겨낸 뒤 완성해야 하는 사람이구나."

여성 소방공무원의 채용 비율은 5퍼센트 미만이었으나 2018년부터 꾸준히 증가하여 2023년 기준으로 평균 10퍼센트가 되었다. 하지만 이들은 주로 행정직에 파견되고, 현장에서 일하는 여성 소방관은 그리 많지 않다. 인터뷰 목적으로 현장에서 일하는 여성 소방관을 수소문했는데, 생각보다 빨리 양주소방서 백석 119안전센터에서 근무하는 박수민 소방사를 만나게 되었다. 남자도 따기 어렵다는 인명구조사 자격증을 취득한 씩씩한 20대 소방관이었다.

수민 씨를 만나기로 한 곳은 쌍문역 근처 스타벅스였다. 먼저 도착해 2층으로 올라왔는데, 너무 조용해서 깜짝 놀랐다. '나홀로 공부족'들이 선호하는 곳이었다. 테이블 역시 1인이 이용할 수 있게 일정한 간격으로 떨어져 있다. 잠시 뒤 그녀가 도착했는데, 가방엔 두꺼운 책들이 잔뜩 들어 무거워 보였다.

> "인터뷰 끝나고 저는 남아서 공부하려고 여기서 뵙자고 했어요. 자격증을 하나 더 따려고 준비 중이거든요. 현장에서 오래 일하고 싶은데, 아무래도 여자다 보니 계속 저를 입증하고 증명해내야 하는 일이 생기더라고요. 어쩐지 물건으로 취급하는 것 같아 '쓸모'라는 표현을 쓰고 싶진 않지만, 저는 현장에서 쓸모 있는 사람이 되고 싶어요. '이것도 할 수 있고, 저것도 할 수 있습니다!' 하려면 저를 증명할 자격증이 필요하더라고요."

사람을 살리는 일에 심장이 뛰어요!

1998년생. 이 책에 등장하는 인터뷰이 중 가장 어린 나이다. 얼핏 내 학번과 비슷한 출생년도에 격세지감을 느꼈

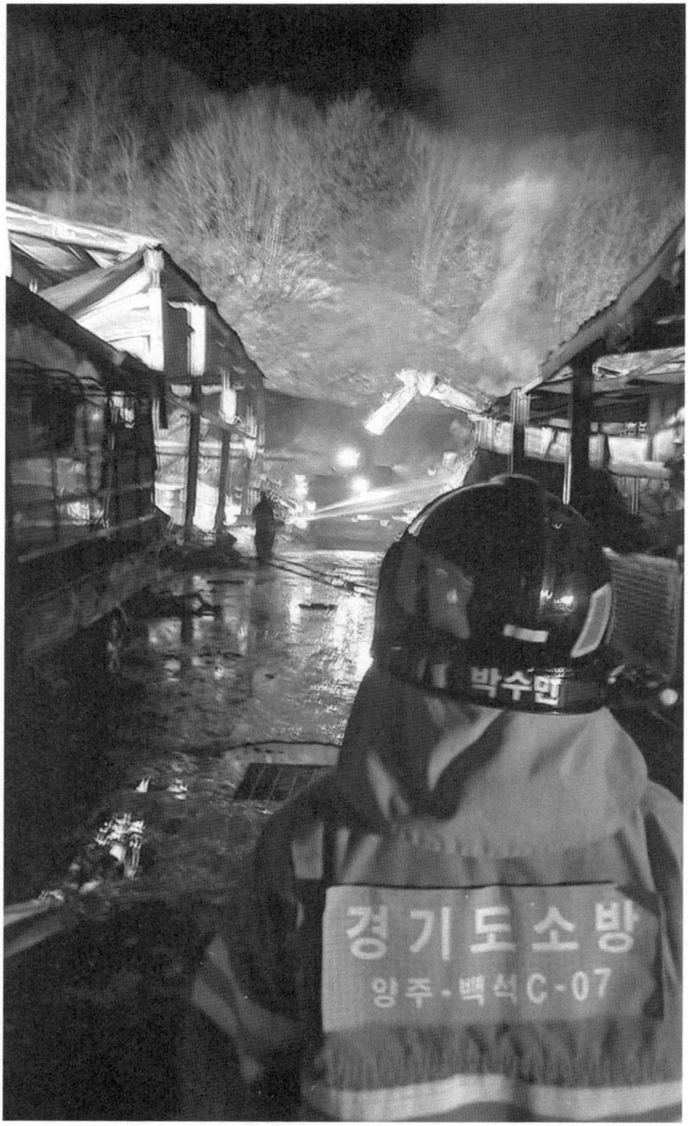

다. 나보다 스무 살쯤 어린 청년과 대화할 일은 그간 전무했기에 만나기 전부터 떨렸다. 의도한 바는 아니었으나 이 책을 만들기 위해 만났던 인터뷰이의 대부분이 'MZ세대'에 속했다. 매체에서 MZ세대를 희화화할 때 표현하던 — 부모에게 의존하거나 가진 것을 과시하는, 혹은 조직에 대한 충성도가 낮고, 개인주의 성향이 심한 — 모습은 그들에게서 전혀 찾아볼 수 없다.

미래에 대한 생각이 깊고, 불확실한 앞날에 대한 준비를 철저히 하는 모습이 내가 만난 인터뷰이들의 공통점이었다. 정규직에 대한 진입장벽은 견고하고, 실업률은 높으며, 그래서 역사상 최초로 부모세대보다 가난한 삶을 살지도 모르는 세대. 그 시대를 살며 얼마나 많은 고민과 준비를 해왔을까, 매체를 통해서만 알았던 MZ에 대한 선입견이 이들을 통해 완전히 바뀌는 계기가 되었다. 수민 씨 역시 안정된 직장을 가진 것에 만족하지 않고, 계속 자신을 검증하며 더 발전하기 위해 애쓰고 있었다.

한편으로는 궁금증도 일었다. '소방관'이라는 직업은 양면성을 가졌다. 공무원에 속하기 때문에 안정된 직장이지만, 긴급상황에선 생명을 잃을 수도 있는 위험한 직업이다. '안전'과 '위태로움'이 공존하는 느낌이랄까? 성별을 떠나서도 쉽게 선택할 수 있는 직업은 아니다. 그녀가 어떻게 이 길로 접어들어, 그것도 불 끄는 현장 속에서 일하고 싶어서 비번인

날에도 공부를 이어가는지 궁금했다.

"고등학교 때 〈골든타임 운명의 1시간, 중증외상센터〉라는 EBS 다큐멘터리를 본 적이 있어요. 외상센터에서 일하시는 이국종 교수님의 바쁜 시간을 다루는 내용이었는데, 그때 이국종 교수님을 제 삶의 롤모델로 삼았습니다. 특히 닥터헬기를 타고 움직일 수 없는 중증환자에게 직접 가는 장면이 나왔는데, 심장이 막 뛰더라고요. 제가 지금 공부해서 의사는 될 수 없겠지만 (웃음) 위급한 상황이 닥쳤을 때, 기다리지 않고 직접 달려갈 수 있는 사람이 되고 싶다는 생각이 들었어요. 막연하게나마 제가 걸어갈 방향이 그때 정해졌달까요? 사람을 살리는 사람, 기다리지 않고 직접 달려가 도움을 주는 사람이요."

그래서 고등학교를 졸업하고 응급구조학과에 진학했다. 보통 이곳에 진학하면, 대학교를 졸업한 뒤 응급구조사 1급 자격증을 따고 병원에서 근무하며 2년의 경력을 채운 뒤 '구급 경력' 채용으로 소방서에 들어가는 것이 일반적 수순이다. 공채시험에 바로 합격한다는 보장도 없기에 기본 6년에 플러스 알파의 시간을 덧붙여, 꽤 긴 시간을 준비해야 한다. 그런데 예기치 않게 수민 씨가 대학교 수업을 한 학기 마쳤던

해에 정권이 바뀌면서 대통령의 선거공약으로 소방관을 대거 채용하게 되었다. 그녀는 과감하게 자퇴를 하고 소방관 공채 준비에 돌입해 2020년 공개경쟁 채용에서 26대 1의 경쟁률을 뚫고 경기도 여성 소방관이 되었다. 그해 경기도에서 뽑은 소방관은 남자 500명, 여자 15명이었다.

> "소방관은 세 부류로 역할이 나뉜다고 보면 됩니다. 저처럼 현장에서 불을 끄는 화재진압팀이 있고, 사람을 구조하는 구조팀, 그리고 아픈 환자를 돌보는 구급팀이 있습니다. 구급팀에는 간호사들도 있기에 여성 비율이 높은 편이고, 구조팀은 특수부대에서 근무한 경력이 있어야 해서 여성은 (거의) 없습니다. 제가 속한 경기 소방서엔 307명의 소방관이 근무하고 있고, 그중 여성은 35명이에요. 하지만 실제로 현장에서 화재진압을 하는 여성은 저를 포함 단 세 명이죠."

화재진압 소방관에 여성이 적은 이유

수민 씨의 임무 중 가장 중요한 것은 당연히 '화재진압'이다. 보통 화재신고가 들어오면 구급대원이 이끄는 구급차와 함께, 소방호스가 달려 불을 직접 끌 때 사용하는 펌프

차, 그리고 물을 보충해 주는 물탱크차가 출동한다. 화재건물의 높낮이에 따라 고가 사다리차도 따라간다. 소방호스를 붙잡고 직접 불길로 뛰어드는 대원들은 주로 펌프차를 탄다. 그들은 무게가 20킬로그램에 달하는 방화복으로 완전무장해야 하는데, 환복하는 데도 엄청난 에너지가 필요하다. 불길 앞으로 가기도 전에 이미 땀범벅이 되는 건 다반사다.

수민 씨는 펌프차보다는 자주 물탱크차에 배치됐다고 했다. 소방학교를 함께 졸업했던 여성 동기들도 탱크차 아니면 특수차에 배치되는 경우가 많았다. 이런 일들이 비일비재하다 보니, 신규 배치 후 몇 개월이 지나면 자연스럽게 공채 여성 소방관은 행정직, 사무직, 내근직으로 배정받는다.

"그럴 때마다 저희끼리 하는 말이 있습니다. 일명, 배제를 당한다. 관창을 잡고 불을 끄는 일은 사실 체력적으로 달리는 일이 맞아요. 방화복으로 완전무장하면 제대로 걷는 것조차 힘이 듭니다. 게다가 소방호스로 물을 뿌릴 때는 압력이 어마어마하거든요. 행여나 제가 힘을 제대로 쓰지 못해 호스를 놓치게 되면, 협업하는 사람에게도, 화재진압하는 상황에도 민폐나 다름없죠. 그러나 민폐의 상황이 정말 닥치는지 해보기도 전에 배제를 당하는 경우가 있어요. 그럴 때면 스스로도 의문을 갖게 되죠. '나는 과연 쓸모 있는 사람인가' 하는. 화재현장 속 물탱크차에 앉아 대기할 때 수없이 의심하게 됩니다."

하지만 기다리고 대기하는 건 수민 씨에게 맞는 일이 아니었다. 그래서 스스로 현장에 있을 구실을 만들기 시작했다. 첫 번째 일이 인명구조사 자격증을 취득하는 것이었다. 인명구조사는 어떤 위기상황 속에서도 구조대상자를 구조할 수 있는 지식과 기술 역량을 갖춘 구조대원에게 주어지는 자격이다. 기초체력은 물론 수영, 수중 · 수상 인명구조, 수직 · 수평구조 등의 어려운 시험을 통과해야 하므로 남자들도 따기 어렵다. 수민 씨는 경기도에서 여성으로서는 두 번째로 이 자격증을 취득했다.

배제 앞에서 나 자신을 증명하는 일

끊임없이 자신을 증명하고 현장에 있기를 원하는 수민 씨의 의도를 현재는 선배들이 잘 알고 있다. 수민 씨 역시 동료들의 의도가 그녀의 능력을 무시해서가 아니라 어떤 면에서는 배려에 가깝다는 것을 이해한다. 또 스스로도 '배제'로 인해 '상처'가 된다기보다는 '그럴 수 있다'라고 받아들인다. 지금은 체력적으로 충분히 임무를 감당할 수 있고, 실수 없이

화재진압 소방관 — 박수민

화재진압을 도왔지만, 본인이 조금 더 나이가 든다면? 자신이 이 일을 감당할 수 있을지 조금은 두렵다고 했다.

"화재조사라는 직군이 있어요. 화재의 정확한 원인을 규명하고, 피해 규모를 예측하며, 정확하게 분석해서 앞으로의 화재를 예방하는 데 도움을 주는 일이거든요. 똑같이 현장에 나가는 일입니다. 진압할 때보다 더 자주 현장에 나갈지도 몰라요. 불에 다 타고 사라진 현장에서 증거가 될 만한 것들을 찾아내야 해요. 연소할 때 바람의 방향이 어느 쪽이었는지까지 상세히 알아내야 하죠. 너무나 흥미롭죠? 저의 쓸모를 위해 찾다 보니, 이 직군이 적격이라는 생각이 들었어요. 그래서 지금 자격증을 따기 위해 비번일 때마다 공부하고 있고요."

여자라는 이유로 배제를 당하는 일 앞에서 계속 자기를 증명해내는 것과 자신이 서 있어야 할 곳을 직접 찾아야 하는 것은 서글픈 일일지도 모르나, 결과적으론 수민 씨가 성장하는 데 큰 도움을 주었다. 머물러 있거나 포기하거나, 혹은 순응했다면 결코 얻어내지 못했을 것이다. 수민 씨는 자신만의 방식으로 가장 좋은 길을 찾아냈다.

수민 씨를 만난 건 2023년 여름이었다. 여름엔 화재보다는 자잘한 기타 출동이 많다고 했다. 그중에서도 말벌집을 제거해달라는 신고는 양주소방서에서만 연간 500건에 달한다. 또 유기견 신고도 많이 들어와서 먹이로 유인해서 올무에 씌워 들개를 잡는다고 했다. 그녀는 본인의 몸을 써서 문제가 해결되면 거기서 얻는 기쁨이 큰 것 같았다. 어떤 곳이든 현장 이야기를 할 때는 신이 나서 어깨도 들썩였다.

"가장 기억에 남는 건 2023년 3월에 출동한 현장이에요. 보통 밤에 화재현장을 가면 잘 안 보이거든요. 그런데 아주 멀리서도 검은 연기가 또렷하게 보이는 거예요. 제가 지금껏 본 불 중에 가장 큰 불이었어요. 공장 건물 일곱 채가 연소되고 있었습니다. (다행히 밤이라 인명 피해는 없었어요.) 제가 탄 펌프차가 선착했는데, 소방차 범퍼와 옆구리가 복사열에 다 녹아내릴 정도로 어마어마한 열기였어요. 불이 난 공장 건물 앞에도 차가 한 대 서 있었거든요. 그 차를 보시곤 팀장님이 '저 차는 무조건 살린다!' 하셨어요. 우리 모두 비장해지는 순간이었어요. 바깥에서 보는 불길은 무섭지 않거든요? 열기를 견디며 불 속으로 뛰어들었을 때 사로잡히는 그 캄캄한 어둠이 무서워요. 어디로 가야 할지 우왕좌왕하고, 동료를 놓치기 가장 쉬운 순간이거든요. 어떻게 시간이 지났는지 모르겠어요. 새벽 3시까지 한 번도 쉬지 않고 그저 진압에 만 몰두했어요. 저뿐만 아니라 양주소방서 대원 모두가 진땀을 뺐어요. 끝나고 탈진했냐고요? 탈진까진 안 했어요. 제가 이렇게 체력이 좋습니다. (웃음)"

역시, 그녀가 가장 반짝일 땐 20킬로그램의 방화복을 입고 소방호스를 들고 있을 때인가 보다.

그녀를 만나고 두 계절이 지났다. 지금은 아마도 들개와 말벌보다는 불과 마주할 날이 많을 수민 씨에게 안부 메시지를 보냈다. 그 사이 수민 씨는 쌍문동 스타벅스에서 공부하던 '화재감식평가산업기사' 자격증을 취득했다. 자신의 꿈에 한 발짝 다가서고 있다는 소식과 함께 어느 매체의 기사를 보내주었다. 기사엔 그녀의 이야기가 담겨 있었다.

2023년 12월 23일, 크리스마스 연휴가 시작되던 날 밤이었다. 서울 창동의 5층 건물 식당에서 불이 번졌다. 불이 날 당시 1층 식당은 영업 중이었고, 2층부터 5층까지는 가정집으로 주민 다수가 머물고 있었다. 비번이었던 수민 씨가 마침 그 길을 지나다 화재 현장을 목격했다. 그녀는 발 빠르게 주변에 있는 소화기 7대를 동원해 혼자서 진화 작업을 했고, 덕분에 초기 진압에 성공해 큰불을 막았다는 이야기가 실려 있었다. 이후 관할 소방서 대원들이 현장에 합류해 불은 12분 만에 완전히 꺼졌다. 5층 건물에 있던 모든 사람이 다치지 않았다.

자칫 큰 사고를 당할 뻔한 사람들은 물론, 기사를 읽는 나마저도 크리스마스 선물을 받은 기분이었다. 무엇보다 현장에서 제대로 쓰인 것에 수민 씨가 얼마나 뿌듯함을 느낄지, 기다리지 않고 달려간 것에 보람을 느낄지, 보지 않아도 알 수 있다. 그런 그녀가 오래오래 현장에서 자신의 '쓸모'를 날마다 마주하기를 소망해 본다.

인터뷰 때 그녀가 추천해준 넷플릭스 시리즈물 〈사이렌: 불의 섬〉을 뒤늦게 찾아보았다. 특수부대 군인, 경찰, 소방관, 경호원 등 여섯 개의 직군을 대표하는 24명의 여성이 팀을 이뤄 치밀한 전략으로 치열하게 싸우는 서바이벌 예능이다.

예쁜 얼굴, 큰 가슴, 잘록한 허리가 아닌, 생활 근육, 강인한 체력, 서로의 적진으로 파고들기 위해 세우는 스릴만점 전략으로 어필하는 여성은 얼마나 아름다운가! 직종에 따라 전혀 다른 스타일로 문제를 해결하는 방식은 또 얼마나 멋진지. 오랜만에 예능을 보며 가슴이 두근거렸다. 이토록 전문적인 그녀들을 중요 임무에서 배제한다는 것은 이해할 수 없는 일이다. 〈사이렌〉 시즌2를 강력하게 기다린다. 혹시 시즌2에서는 박수민이라는 아는 얼굴도 만날 수 있지 않을까?

TONI MORRISON

남성으로 사는 게 무엇인지 알 수 있도록,
여성으로 사는 게 무엇인지 들려주세요.
변두리에 무엇이 꿈틀대는지 들려주세요.

토니 모리슨, 『보이지 않는 잉크』

INTERVIEW 05

군 암호보안 전문 군무원 —
박애선

수학과
체력단련을
좋아하는 여성이
이상한가요?

국민대학교에서 수학을 전공했고, 동대학원에서 암호 및 정보보안학을 공부하며 'PQC 곱연산에 대한 부채널 분석 연구'로 박사학위를 취득했다. 한국인터넷진흥원을 거쳐 현재는 국직부대 국군방첩사령부의 군 암호체계 보호 분야에서 일하고 있다. 군 암호장비를 대상으로 암·복호화 정상 작동 여부를 파악하고, 비화 풀림 현상 등 장비를 운용할 때 발생할 수 있는 보안 취약점을 사전에 식별해 '보안'을 지원하는 일을 한다. 군대에서 비군인으로, 팀의 리더로, '무결점이어야만 하는 업무'를 완벽히 해내고자 날마다 최선을 다한다.

ㅁ

애선 씨는 나와 십수 년 전부터 인연이 있는 사이다. 다니던 교회에서 집으로 가는 방향이 같아 종종 지하철이나 동네에서 마주쳤다. 애써 약속을 잡기보단 자연스럽게 만나 근황을 묻고 답하는 사이였다.

그녀는 SNS도 하지 않아서 얼굴을 마주해야만 제대로 소식을 알 수 있었는데, 우연히 만나 나란히 걸으며 인터넷에 동동 떠다니지 않는 그녀의 삶을 듣는 시간이 좋았다. 150센티미터 언저리에 있는 내가 170센티미터의 큰 키와 건장한 체격을 가진 그녀 옆에 붙어 걸으면 뭔가 균형이 맞지 않는 느낌이라 어색했지만, 그럼에도 나는 종종 그 시간을 기다렸다. 사적 약속을 먼저 잡지 못하는 병(?)이 있는 나로선 애선 씨가 "한강에서 마라톤 대회가 있는데 같이 참가해 볼래요?" 하며 색다른 만남의 방법을 제안해 주는 것도 좋았다. 그때 나는 태어나 처음으로 (그리고 어쩌면 마지막이 될) 마라톤 대회에 나가 10킬로미터를 뛰었다.

당시 애선 씨는 대학원을 다니며 중고생에게 수학을 가르치고 있었다. 수학을 전공했고, 대학원에서는 암호 및 정보보호 분야를 공부한다고 했다. 수학도, 암호도 내 인생과는 거리가 먼 단어들이라 더 깊이 물어볼 수 없었다. (물어봐도 이해하지 못할 것이므로) 그저 멋있다고 느껴졌다. 내가 제주로 이주한 뒤로 만날 일은 사라졌지만, 학회 참석 차 제주에 올 때마다 그녀는 나에게 연락했고, 덕분에 짧은 시간이지만 얼굴을 마주했다. 박사과정 중에는 공동연구를 할 수 있는 기회를 얻어 '암호알고리즘 부채널 분석'을 연구하기 위해 영국에 잠시 체류했는데, 아이슬란드에서 오로라를 본 날 그녀는 내게 편지를 보냈다. 무섭고 딱딱하고 비밀스러운 공부를 하는, 이토록 따뜻한 그녀라니.

또 몇 해가 흘렀을까. 오랫동안 공부한 전공으로 국방부 직할부대의 사무관이 되었다는 소식을 들었다. 한 번도 '암호'와 '국가정보'를 한 번에 연결 지을 생각을 하지 못했던 터라 그녀의 일이 낯설게 느껴지는 동시에 궁금해졌다. 게다가 국직부대에 있다니, 거대한 남초 직군인 군부대에서 일하지만 군인은 아닌 신분이다. 여성 군인과는 또 다른 고충과 보람이 있을 것 같았다. 매번 못 알아들을까 봐 묻지 못했던 그녀의 삶과 직업에 대해 알 기회가 찾아온 것이다.

인터뷰를 요청하며 "왜 군무원이 되었는지" 물었을 때 "업무 중간에 '체력단련 시간'이 의무화되어 있어서요"라는 답에 '그녀답다'라는 생각이 들었다. 한 가지 일을 꾸준히 하는 것도, 그 일에 최선을 다하는 것도, 그렇다고 잘했다 내세우거나 드러내지 않는 것도.

— **공무용 언어에 익숙하지 않아서, 애선 씨가 군무원인지 사무관인지 어떻게 표현해야 할지도 모르겠어요. 지금 하는 일을 쉽게 설명해 주신다면요?**

대한민국 국군부대엔 아시는 것처럼 육군, 공군, 해군본부가 있어요. 그런데 각 본부에서 관할하는 부대가 아닌, 국방부에서 직접 관할하는 부대를 국방부 직할부대라고 하는데, 줄여서 '국직부대'라고 불러요. 저는 국직부대 소속 공무원입니다. 2019년에 입사했으니까 5년 차가 되었네요. 군인은 아니지만 군대에서 일하는 사무관이고 그중에서도 '국군방첩사령부'에서 군 보안 지원 업무를 담당하고 있습니다.

방첩사령부는, 테러에 대비해 우리 국민을 보호하거나 국내외 방산스파이들로부터 핵심기밀을 지켜내는 일, 국빈의 경호를 맡거나, 과학적 분석을 통해 범죄사실을 규명하는 일 등 굉장히 다양한 업무를 하고요. 저는 그중에서도 '군 암호체계 보호'와 관련된 일을 합니다. 허가된 사람을 제외한 나머지 사람들은 읽을 수 없도록 어떤 문서를 부호화하여 암호문으로 만드는 것을 '암호화'라고 하고, 암호문을 평문으로 다시 푸는 것을 '복호화'라고 하는데, 군 암호장비를 대상으로 이것이 정상 작동을 하는지 파악하고요. 그렇게 숨겨놓은 것들이 비정상적으로 풀리는 현상은 없는지, 암호화가 안 되는 일은 없는지, 보안상 취약한 점을 미리 발견해 보완하는 작업을 해요. 말이 너무 어렵죠?

www.netsec-kr.or.kr
2022. 4. 21.(목)
~4. 22.(금)
온오프 병행 컨퍼런스
Contents
국방 환경의 변화
1. 4차 산업혁명 기반 스마트 국방혁신
2. 상용 암호제품 범위 및 발생가능 문제점
주요 정책
3. 상용 암호제품 도입 정책
4. 국방 상용 암호제품 도입 정책
2022 NetSec-KR

— **오랫동안 공부해 온 일을 제대로 활용하고 있다고 생각하면 되나요? 어떻게 이 길로 들어서게 되었는지 궁금합니다.**

단순히 수학을 좋아해서 수학과에 진학했을 땐, 순수 수학을 하고 싶은 마음이 있었어요. 그런데 요즘은 순수 수학 관련 분야가 많이 사라졌죠. 아이들 수학 교육이나 보험 관련 은행 쪽 분야 외에는 채용 기회가 줄어들었어요. 암호와 관련된 분야는 응용 수학인데, 교수님이 이쪽 길을 추천해 주셨어요. 제가 학교 다닐 때 성적이 좋아서 석사 과정을 밟으면 장학금도 주신다기에 공부할 기회라고 생각해 자연스럽게 시작하게 됐죠. 대학원에서는 금융정보보안학을 전공했는데, 정보보안은 사실 수학이 아니에요. 그런데 그중에서 '암호'가 수학과 관련 있어요. 정수론이나 대수학 등이 기반이 되는 학문인데, 수학을 잘해야 명확하게 이해할 수 있어요. 저는 암호를 선택했고, 그중에서도 암호 키를 추출해내는 특별한 기술을 배우게 되었죠.

— **수학이…… 좋다니, 진심이신가요? (웃음)**

수학을 전공으로 선택하기 전까진 저도 좀 헤맸어요. 대학교 전공을 여러 번 바꿨을 정도로요. 처음엔 건축학과에 들어갔거든요. 건축 '공학'이었으면 적성에 맞을 수도 있었는데 건축학이라 디자인을 해야 하더라고요. 저는 그쪽 개념이 하나도 안 잡혀 있던 터라 힘들었어요. 생각해 보니 그때도 전공수업 안 듣고 수학과 수업 듣고 그랬네요. 그러다 휴학하고 수학강사로 아이들 가르치다가 (제법 잘 가르쳐서 돈도 벌었죠) 다시 수능을 쳐서 수학과에 들어갔어요.

수학은 제 기질과 잘 맞아요. 언어는 뭐든 외워야 하잖아요? 수학은 큰 틀의 원리만 이해하면 뭘 외우지 않아도 원리를 응용해 어떤 문제도 풀 수 있어요. 확장성이 어마어마해요. 어디든 적용할 수 있고 또 명확한 답이 있어요. 그래서 제가 하는 일, 암호까지 연결이 되죠. 원리만 알면 아무도 못 찾는 암호를 만들 수도 있고, 잠겨 있는 암호를 풀 수도 있어요. 이게 정말로 안전한 암호인지 판단할 수 있는 근거가 수학적 베이스에 있는 거예요. (기계적으로 고개만 끄덕이는 나를 쳐다보며) 매력적이지 않나요?

— **수학을 전공해 지금의 국직부대에서 일하는 것은 애선 씨의 계획 속에 있었나요? 재미있지 않으면 계속 일하기 어려운 직업인 것 같은데…….**

생각 못 했어요. 그저 장학금을 받으면서 공부할 기회가 생겨서 석사를 밟았고, 석사과정이 끝나곤 한국인터넷진흥원에서 잠시 일했어요. 그곳에서 인터넷 정보보안과 관련된 일을 하다 그만뒀을 때, 기다렸다는 듯 교수님이 박사과정을 제안하셨죠. 그렇게 5년을 또 공부했어요. 이 공부가 사실 대학교에 몇 없는 특수한 전공이라, 관련 분야에 TO가 생기면 채용 정보가 들어와요. 2019년에 마침 관련 분야를 채용한다는 공고가 붙었고, 시험을 봐서 합격하게 된 거죠. 박사과정 초기 때 한 프로젝트를 군부대와 함께 진행한 경험이 있어서 계속 관심을 두고 있기도 했고요. 이미 군무원으로 일하던 지인들을 통해 들었던 — 업무 중에 체력단련 시간이 있다는 — 강점이 특히 매력적으로 다가왔습니다. 물 흐르듯이 자연스럽게 여기까지 오게 되었어요. 앞서 말씀드렸듯 전공도 바뀌었고, 그 사이사이 돈을 벌어야 했기 때문에 사실 늦게 공부를 마친 편인데, 좋은 때에 좋은 기회를 잡아서 감사하게 생각합니다.

일을 재미있어서 하는 건가, 하고 물으시는 거라면 그냥 싫지는 않다? (웃음) 사실 특수한 업무가 주는 스트레스가 크죠. 이 업무는 '무결점'이어야 하거든요. A라는 작업을 끝냈다고 생각했는데 뭔가 다른 구멍이 있지 않을까, 계속 생각하고 있는 나를 발견해요. 퇴근했는데도 끝나지 않은 것 같은 찜찜한 기분이 있어요. 직업의 특성상 어쩔 수 없다고 생각해요. 그리고 근무지가 집에서 너무 멀어서 왕복 세 시간이 걸려요. 아침 8시까지 출근해야 하는데, 새벽 6시에는 나와야 하죠. 그런 부분은 힘들지만, 어쩔 수 없죠. 다른 사람들도 마찬

가지 아닐까요? 완전히 만족하는 회사는 없고, 일은 해야 하는 거고, 버틸 수 있는 데까지 버텨보는 거지 '재미'라는 의미를 딱히 부여해 본 적은 없어요.

— **출퇴근이 세 시간이나 걸리는데, 근처로 이사할 생각은 없으셨어요? 100퍼센트 만족감을 주는 회사는 없고, 버티는 데 주력한다는 말이 인상 깊어요. 스트레스를 감당할 만큼 다른 부분은 만족스러우신지요?**

아버지가 일찍 돌아가시고, 남동생은 10대 때부터 독립했거든요. 제가 장녀이기도 하고 어머니와 오랫동안 같이 살았어요. 부대 근처의 집이 비싸기도 하거니와 일흔이 넘으신 어머니를 혼자 두거나, 저 때문에 오래 살아오신 곳을 떠나 낯선 곳으로 함께 이동하는 게 마음이 좀 그랬어요.

제가 느끼는 회사의 가장 큰 장점은 앞서도 말했듯 매일 한 시간 정도 체력을 증진할 시간이 업무시간에 포함되어 있다는 것입니다. 저희가 오전 8시부터 오후 5시까지가 업무시간인데, 그중 한 시간은 '지휘관 시간'이라고 해서 지휘관들이 교육이나 체력 증진의 이유로 자유로이 쓸 수 있는 시간을 보장해 줘요. 일주일에 한 번 오후 시간은 전투 체력 시간이 있고요. 저는 그 시간에 모든 스트레스를 날리는 편입니다.

관련 학문을 공부할 때는 여성의 비율이 어땠는지 궁금해요. 애선 씨는 군인의 신분은 아니지만, 부대에서 일하고 있으니 확실히 성비 차이는 있을 것 같고요.

공부할 때는 성비가 반반이었어요. 기수마다 차이는 있겠지만, 오히려 여자가 많을 때도 있었고요. 말씀하신 대로 제가 일하는 곳에서 여성의 수는 현저하게 떨어지고요. 제가 일하는 센터는 30퍼센트 정도 되는데, 다른 쪽은 더 적어요. 저는 5급 사무관이고 팀장이라는 직책을 맡고 있는데, 이 자리에 오니 확실히 여성은 더 없어요. 직급이 높아질수록 성비는 더 벌어지는 것 같아요. 사실 군부대가 아니더라도 우리가 취업할 수 있는 IT 분야는 남성 비율이 높긴 하죠.

공부할 때는 성비가 비등비등한데, 취업 전선에 들어가면 남성이 훨씬 많다는 거죠? 왜 그럴까요?

음…… 직업에 대한 특수성도 한몫하는 것 같아요. 한 사람이 떠나면 그 특수한 업무를 채워줄 사람이 사실상 사라지는 거잖아요. 현재 남은 사람들이 바로 할 수 있는 일이 아니니까요. 다시 채용할 수 있지만, 조건이 잘 맞아야 하거든요. 그래서 책임감을 가지고 오래 일할 사람이 필요해요. 여기까진 남녀와는 상관없는 일인데…… 결혼하면 좀 달라지지 않나요? 출산이나 육아를 하게 되면 남자보단 여자가 일할 수 없는 상황이 되고, 실제로 같이 일하는 동료들을 보면, 엄마가 되어 그만두는 경우도 있고요. 그만두지 않더라도 아이로 인한 변수 때문에 이래저래 눈치 보는 일들이 생기더라고요.

— **애선 씨에게도 어쩌면 닥칠 일이 아닌가요? 결혼이나 출산을 하고도 일을 계속할 수 있다고 생각하시는지 궁금해요.**

출산 및 육아로 인한 공백은 불가피하고, 계속 일을 유지해도 일의 능률이 떨어지는 건 맞는 것 같아요. 일에 차질이 생기면 동료들이 부담스러울 수밖에 없고, 무엇보다 자기 스스로도 회사에 민폐를 끼친다, 눈치가 보인다, 이런 말들을 하게 되고요. 사실 IT 관련 분야는 여성 채용에 인센티브를 주는 정책도 있어요. 여성 과학자상을 받는다든지 하면 여성에게 가산점을 주는 곳도 있지만, 채용되어도 오래 일하진 못 하는 거죠. '출산'이 들어오면 일을 지속할 수 있는 상황이 안 되니까요.

저는 사실 이 문제가 아니더라도 결혼을 막 하고 싶지는 않아요. 출산도 마찬가지고요. 주위에 육아를 하는 분들을 보면 휴일에 더 피곤해 하시고 (웃음) 뭔가 '열심히 성장한 나를 포기하고 가정을 위해 희생하는' 느낌이 너무 강한 거예요. 그걸 제가 감당할 수 있을지 모르겠어요. 아, 물론 그것조차도 감당하고 싶은 생각이 들게 만드는 사람을 만난다면 기

께이 결혼도 하고 아이도 낳겠습니다.

— **애선 씨가 일하는 회사뿐만 아니라, 사실 모든 직업이 갖는 가장 큰 문제가 아닐까 싶어요. '가정을 이루고도 일을 지속할 수 있는 환경'에 대해 고민이 깊어지네요. 애선 씨는 부대 안에서 소수인 '여성'이자 '비군인'인데, 거기에서 오는 고충은 있는지요?**

예전엔 군인과 군무원 사이가 매끄럽지 못했다고 소문만 들었어요. 시대가 많이 바뀌었고, 제가 이곳에 들어와서 여성이라서, 혹은 비군인이라서 차별을 받거나 껄끄러운 일을 접해 본 적은 전혀 없어요. 부대 안에서 성인지감수성 교육도 이뤄지고요. 일적인 부분에서는 서로 존중하고 각자가 할 수 있는 것을 명확하게 구분하고 있어요. 저는 외부에서 배워온 것을 업무에 잘 적용하고, 군대에 오래 계셨던 분들은 군 사정에 맞춰 저의 업무를 활용하고…… 그렇게 서로 각자의 업무에 충실합니다.

— **서로 존중하는 마음으로 각자 업무를 잘 해내는 것. 그것만 해도 많은 갈등은 사라질 것 같아요. 앞으로의 계획이 있다면요?**

5급이 되고 4년이 지나면 진급 대상자가 됩니다. (2024년부터는 3년으로 줄었습니다.) 올해 5년 차로 4급 진급 대상자가 되었어요. 주위에서도 진급할 수 있길 바라며 응원과 조언도 해주시고요. 저는 사실 두려운 마음이 큽니다. 여기서 더 올라가면 제 시야는 더 넓어져야 하고, 더 많은 것을 눈치채고, 전체적인 그림을 그릴 줄 알아야 하는데 저에게 그런 능력이 있는지 아직 잘 모르겠어요. 그래서 사실 미래를 생각하지 않는 편이에요. 하루하루를 충실하게 사는 것이 미래를 쌓아가는 일이라고 믿어요.

,

뒤늦게 애선 씨와의 대화 녹취를 풀면서 처음엔 많이 웃었다. 수학이 재미있는지, 그 일이 재미있는지를 재차 확인하는 질문과 "재미있어야 하나요?" 반문하는 대답이 인터뷰가 끝날 때까지 이어졌다. 세어보니 일곱 번이었다. 일곱 번 똑같은 질문을 하고, 똑같은 대답을 한 것이다. 그야말로 창과 방패의 싸움이었다.

"일이 재미있어야 하나요?"라는 그녀의 반문은 오래 마음에 남았다. 처음엔 '아니, 재미도 없으면 어떻게 일을 지속할 수 있을까' 이해하지 못해 되물었다. 하지만 갈수록 그보다 명쾌한 대답은 없음을 온전히 받아들이게 되었다. 그녀의 반문은 살면서 우리가 숱하게 보고 들어온 'JUST DO IT'이라는 어느 광고의 슬로건과 같은 의미일 것이다. 일을 지속하는 유일한 방법은 '그냥 계속하는 것'이다.

처음엔 웃었으나 마지막엔 생각이 많아졌다. 일하는 비혼 여성의 상당수는 애선 씨와 비슷한 마음일 것이다. 0.6퍼센트라는 우리나라의 출산율을 보면 나라가 점차 늙어가는 것 같아 슬프기도 하지만, 한편으론 자기 자신을 위해 사는 여성이 많아졌다는 의미이기도 하다. 일도 출산도 알고 보면 나 자신을 위해, 스스로 행복한 삶을 살기 위해 하는 것이지 나라를 위해 하는 것은 아니지 않은가.

정책과 제도가 여러 차례 헤매고 수정되는 동안, 사람들은 결국 그것과 상관없이 원하는 방향과 길로 움직일 것이다. 그 길의 끝은 어떤 풍경일까? 여기저기서 예측하고 떠드는 것처럼 인구절벽 현상으로 심각한 위기를 초래할까? 고민하다 다시 현실로 돌아온다. 애선 씨가 말했던 것처럼 한 치 앞도 예상할 수 없는 미래를 지금 끌어오지 말자. 내 하루하루에 충실하다 보면, 어느 날 직접 눈으로 확인하는 순간이 오겠지. 끝이 무엇이든, 지금보다 더 나은 환경이기를 바란다.

CHIMAMANDA NGOZI ADICHIE

일하는 엄마라는 것에 대해 사과하지 마.
너는 네 일을 사랑하고,
네가 하는 일을 사랑하는 것은
네 아이에게도 굉장한 선물이야.

치마만다 응고지 아디치에, 『엄마는 페미니스트』

INTERVIEW 06

대동물 수의사 —
신민정

여성이라
약점이 있으면,
강점도 있는 법이죠

2017년 건국대학교 수의학과를 졸업한 후부터 지금까지 고려동물병원에서 일하고 있는 대동물 수의사. 병원 내 목장뿐만 아니라 경기도 안성 지역 목장에 있는 소들의 건강도 관리한다. 작업 환경이 특수하고 노동의 강도가 세서 현장을 돌며 대동물인 소를 진료하는 여성 수의사는 전국에서도 매우 드물다. 하지만 할 일이 많아 재밌고, '지속 가능한 축산업'을 위해 계속 공부하며 일할 수 있어 즐겁다고 말하는 사람이다. 소임상수의사회 국제교류위원장직을 맡고 있으며, 직접 웹툰도 연재해 '수의사의 삶'을 보다 많은 사람에게 쉬운 방법으로 전달한다.

대동물 수의사인 민정 씨는 KBS <인간극장>을 통해 알게 되었다. 베테랑 수의사 민정 씨와 같은 회사에 막 인턴으로 들어온 남편 건학 씨가 함께 일하는 모습을 담아낸, 이 5부작 다큐멘터리의 제목은 '내 아내는 보스'였다. 결혼한 지 얼마 되지 않은 두 사람이 집에서는 깨를 볶으며 즐거워하다가도, 소를 돌보는 현장에서는 매우 엄격한 선배와 잔뜩 긴장한 후배로 돌변하는 모습이 인상적이었다. 인턴 말을 잘 듣지 않는 소 때문에 땀을 삘삘 흘리면서도 제 역할에 최선을 다하려 애쓰는 남편과, 눈곱만 뗀 맨얼굴로 성큼성큼 우사에 들어가 집채만 한 소를 능숙하게 다루는 아내를 보며, '인간극장이 제목을 잘 뽑았구나' 하며 쿡쿡 웃었던 기억이 난다.

하얀색 가운을 입고 귀여운 소동물을 진찰하는 모습이 아니라, 두 부부가 온몸에 지푸라기를 묻힌 채 우사를 청소하는 모습도 크게 기억에 남았다. 두 사람이 몸담은 동물병원에서는 목장과 함께 축사도 운영한다. 아픈 소들을 진료하는 일이 주요 업무라고 생각했는데, 그건 일부분이었다. 경기도 안성 지역의 소들을 진찰하면서, 동시에 소들에게 먹이를 주거나 먹이통을 정리하고, 젖을 짜는 등 직접 소를 돌보는 일도 한다. 인공수정 역시 중요한 일과 가운데 하나였으며, 예민하고 복잡한 수정의 과정을 위해 사전 준비하는 일도 만만치 않았다. 행여 소가 출산이라도 하게 되면 근무 시간이 고무줄처럼 길어졌다.

또한, 대동물 수의사들은 소나 말처럼 제 몸보다 더 크고 무거운 동물을 상대해야 하므로 역시나 체력이 좋아야 한다. 게다가 축사는 더운 날 더 덥게 일하고, 추운 날 더 춥게 일하는 작업장이 아닌가. 뜨거운 여름날 축사 안에서 방호복을 입은 채 소들을 진찰하면 금세 땀범벅이 된다. 또 X-ray나 CT와 같은 기계장비로 소를 검사할 수 없어서 전적으로 수의사의 손과 눈에 의지해야 한다. 소의 항문으로 손을 넣어 체온을 재고 자궁이나 위 등의 장기를 만지는 직장검사를 통해 소의 상태를 알아채는 것이다. 날마다 소똥을 만지는 삶. 그래서 대동물 수의사는 귀하다. 여성 대동물 수의사는 더욱 귀하다.

"아마도 (현장에서 일하는) 전국 유일무이한 여성 소 수의사일 것이다"라는 건학 씨의 말을 방송을 통해 들으며, 그녀를 꼭 만나고픈 욕망이 생겼다. 며칠 동안 인터넷에서 민정 씨의 이름을 검색하고, 출연했던 방송을 살펴봤다. 그리고 용기를 내 그녀에게 연락했고, 마침 배 속에 아이를 품고 태교여행을 온 그녀를 제주에서 만났다.

"어릴 적부터 가리지 않고 동물을 좋아했어요. 부모님은 집에서 절대로 동물을 못 키우게 하셨는데, 한날은 용기를 내서 학교 앞에서 파는 병아리를 사 갔어요. 안 된다는 엄마에게 울고 빌고 해서 겨우 허락받았죠. 닭이 되어 시골 할머니 댁으로 가기 전까지 2~3년 동안 제가 키웠어요. 집에 있던 자연과학전집 「닭」 편에서 참고한 대로 놀이터에 데려가 개미도 먹이고 모래목욕도 시키며 키웠죠. 엄마 품처럼 따뜻해야 잘 자랄 것 같아서 이불까지 덮어주면서요. '피카츄'라는 이름도 지어주었는데, 제가 '피카츄!' 하고 부르면 날개를 푸드덕거리며 달려왔어요. 진짜예요!"

어떤 동물이든 좋아했지만, 어릴 적엔 마음껏 키워볼 수 없었던 덕에 민정 씨는 2011년에 건국대학교 수의학과에 진학해 졸업 후 대동물 수의사로 일하고 있다. '수의사' 하면, 소동물 전문병원에서 주로 개 · 고양이를 치료하는 사람이 가장 먼저 떠오를 것이다. 하지만 조금만 살펴보면 꽤 다양한 직군이 있다. 동물원에서 여러 동물을 관리하거나 수의과학검역관에서 검역을 담당한다. 양계장, 우사, 돈사 등의 축사, 마사회에서도 일하고, 동물 유전자를 연구하는 연구원, 또는 제약회사에서 동물 실험을 하기도 한다. 유기견 보호센터에도 꼭 필요한 존재이다.

민정 씨는 그중에서도 '소'라는 대동물을 관리한다. 소의 질병을 고치고, 예방하는 일뿐만 아니라 인공수정을 통해 소의 번식에도 관여한다. 특히 소의 '똥꼬'와 친해져야 한다. 열이 있는지 확인하기 위해 우리가 이마를 짚어보는 것처럼, 소의 항문 속으로 손을 넣어 확인한다. 그 외에도 소화는 잘되는지, 아픈 곳은 없는지, 장기에 문제가 없는지…… 확인하는 방법 역시 '똥꼬'다.

600kg이나 나가는 소 수의사의 세계

"저도 졸업하기 전까지 소와 함께하게 될 줄은 몰랐어요. 졸업 학기가 되면 대부분 실습을 하러 가요. 인기 있는 기관은 빨리 마감되고요. 실습 신청하는 날 늦잠을 자는 바람에 신청할 수 있는 기관이 대동물 전문 동물병원밖에 없더라고요. (웃음) 그런데 막상 가보니 너무 재미있는 거예요. 저는 어떤 동물이든 좋아하는 편이었고, 목장으로 왕진 가는 것도 기질에 잘 맞았고요. 무엇보다 가볍고 편한 푸른색의 진료복이 마음에 들었습니다. 이곳은 일반진료, 번식진료, 발굽과 거세진료, 수정란 사업 등 분야에 따라 전

여성이라 약점이 있으면, 강점도 있는 법이죠

문원장님이 다 달라요. 그중 대동물 관련 사업을 추진하는 하현제 원장님과 동행하게 되었는데 '실습해 보니 대동물에 관심이 많이 생기는데, 여자는 안 뽑아주나요?' 하고 여쭤봤어요. 그랬더니 해외에서는 여성 대동물 수의사가 훨씬 많다고, 여성이 못 할 일은 없다고 하셨어요. '다 큰 젖소 한 마리 무게가 평균 600킬로그램인데, 그걸 힘으로 상대하려면 남자도 어렵다. 무슨 일이든 요령을 배우고 익히면 된다'라고 하셨죠."

원장님의 말에 용기를 얻었고, 실제로 소를 대하며 여자라서 더 잘할 수 있는 섬세한 일들도 찾아나갔다. 진료를 보거나 인공수정, 수정란 이식 등의 시술을 위해 직장검사를 할 때 예민한 소를 만나면 자칫 뒷발질에 맞아 넘어지기도 한다. 남자보다 가늘고 부드러운 팔목으로 소에게 스트레스를 덜 주면서 안정적으로 검사할 수 있다.

대동물 쪽으로 마음이 기울었으나, 오래 버틸 수 있을지가 문제였다. 주변의 반대도 많았다. 고민 끝에 '남자들이 군대 가듯, 나도 2~3년만 버텨보겠다'라는 마음으로 실습했던 곳의 원장님께 전화를 걸었다. 통화 중에도 민정 씨 입에서는 "오래 일하진 못 해요"라는 말이 자주 튀어나왔다. 그랬더니 원장님이 되레 물었단다. "그 '오래'가 얼마야? 한 3개월?"

그녀는 웃으며 3개월보단 오래 일하겠다 말하고, 실습으로 연을 맺은 고려동물병원에 입사했다. 그녀는 지금도 그곳에서 일한다. 3개월도, 3년도 아닌, 햇수로는 9년 차가 되었다.

> "감사하게도 처음부터 좋은 직장과 동료를 만났어요. 이곳의 가치관도 좋고, 무엇보다 원장님이 저의 궁금증과 이야기를 귀찮아하지 않으세요. 저도 원장님처럼 소를 키우며 직접 동물병원을 운영하고자 남편과 준비하고 있는데, 그런 고민도 원장님과 나눌 수 있어요. 오너의 입장에서는 곧 회사를 그만둘 직원으로 보일 수 있잖아요. 그런데도 개의치 않고 열린 마음으로 들어주시고 도와주고자 하시죠."

우리 사회는 이제 막 여성 대동물 수의사에게 적응하는 중

책 『수의사가 말하는 수의사』에 보면, 소는 경계심이 많고 눈치도 빠르다고 한다. 눈이 얼굴 끝에 붙어 반경 270도를 돌아보기 때문에 어느 방향에서든지 3미터 이내로 다가가면 바로 도망간다. 소를 붙잡아두고 자세히 살펴볼 수 없기 때문에 소 주인과 이 이야기, 저 이야기 하면서 멀리서 관찰한다. 이렇게 소를 두고 멀리서 관찰하는 것을 '망진望診'이라고

한다. 과학기술이 발전하면서 축산업에도 첨단 시스템이 발달하긴 했으나 여전히 망진과 직장검사는 필수적이다. 이런 아날로그적 방식으로 소를 관찰하는 일이 인상 깊었다. 멀리서 지켜보거나 만져보며, 소의 행동과 표정을 세세하게 살피는 방식은 오직 인간만이 할 수 있는 일이 아닌가.

"소는 서열동물인 동시에 사회적 동물이에요. 예를 들어 우사에 100마리의 소가 있다면, 이 소들은 1등부터 100등까지 정확한 서열이 있어요. 새로운 소가 무리에 편입되면 서열을 정하려고 힘겨루기를 하죠. 또 한 마리가 밥을 먹기 시작하면 우르르 다른 소들도 와서 함께 밥을 먹고요. 다 먹고 나면 종일 앉아서 반추反芻해요. (소는 사료를 먹고 영양분을 흡수하기 위해 12시간 동안 되새김질한다.) 저는 사료를 정리하거나 우사를 치우며 아이들을 멀리서 지켜봐요. 몸이 편하면 소들은 주로 앉아서 반추하는데, 어딘가 불편하면 서 있거든요. 서 있는 애는 없는지, 또 자기 순서인데 먹이를 안 먹고 어느 구석에 박혀 있는 애는 없는지 살펴봐요. 출장 가면 아픈 소를 오랫동안 지켜본 게 아니라 진단하기 어렵기도 한데, 병원에서 항상 소를 곁에 두고 볼 수 있어서 큰 도움이 됩니다."

소들이 일어나 움직이는 시간인 새벽 6시에 출근해 병원 내 목장에서 소를 살펴보다가 세 시간쯤 뒤에 병원으로 복귀해 일반진료를 본다. 그리고 늦은 오후에 다시 목장으로 돌아가 소들을 돌본다. 주말 당직이 있고, 그 외에도 퇴근 후에 난산과 같은 긴급한 일이 생기면 출동한다. 안성을 중심으로 주변 도시인 평택, 이천, 천안 등에는 오래된 우사가 많다.

덩치 큰 소들과 씨름하는 것도 일이지만 오랫동안 소 키우는 일을 해 온 목장주를 상대하는 것도 민정 씨의 일이다. 시골에서 오랫동안 한 가지 일만 하며 살아온 꼬장꼬장한 어르신을 만나는 일도 만만찮아 보였다. 소에게 질병이 보이더라도 수술 및 치료를 할지 말지 판단하는 것도 수의사의 일이다. (소는 일종의 재산이라 병을 고치는 데 드는 비용이 소의 값어치보다 높다면 살리지 않는 일이 많다고.) 수의사와 목장주 사이에서 벌어지는 예민한 사건이 없을 리 만무하다. 어리기 때문에, 혹은 여자이기 때문에 못 미더워하는 클라이언트는 없는지 조심스럽게 물어보았다.

"신입 시절엔 있었죠. 동물병원으로 보호자가 찾아오는 구조라면 동료나 원장님께 도움을 청할 수 있지만, 목장으로 혼자 출장을 가야 할 땐 죽이 되든 밥이 되든 제가 해내야 합니다. 나를 대신할 누가 있나 뒤돌아보면 뒤에 목장 사장님만 계시니까요. (웃음) 그

adidas

땐 목장주들이 저를 보며 '초짜인데, 여자이기까지!' 하고 생각하셨을지도 모르겠어요. 간단한 인공수정 요청이었는데도 '원장님 없냐'며 찾기도 해요. '저밖에 없는데요' 하면 그냥 다음에 하자며 전화를 끊는 일도 있었죠. 그런데 뭐, '여자라서 그런가?'라는 생각보다는 초보 수의사가 겪는 일이라고 생각했어요. 더 열심히 공부해야겠단 마음뿐이었죠. 여성 수의사에 대한 편견이 느껴졌지만 크게 상처받지 않았던 이유는, 고의적 차별이 아니라 그분들도 처음 겪는 '여성 수의사'에게 적응 중임을 알았기 때문이에요."

그녀는 바쁜 와중에도 밤마다 공부하고, 공부한 것을 목장에 적용해 보며 최선을 다했다. 시간이 약이었을까, 언제나 열심히 일하는 민정 씨에게 감동했을까. 지금은 목장주들의 신뢰를 듬뿍 받고 '우리가 키운 여자 수의사'라며 예뻐해 주신다.

"초반에는 오히려 목장주들께 많이 배웠어요. 나이 지긋하신 부부가 하시는 목장이 기억나는데, 소가 출산이 임박하면 식용유 통에다가 모닥불을 피워 겨울 밤에도 소 옆에서 함께 밤을 보내셨어요. 혹시라도 추운 날 밤에 새끼를 낳으면 송아지가 양수에 젖어서 저체온증에 걸릴 수 있거든요. 이런 분들은 소를 자식처럼 아끼고 자기 소만큼은 초보 수의사보다 월등히 잘 알고 계시죠. 그 소가 새끼를 몇 번 낳았는지, 어떤 성격을 가졌는지까지도요. 그래서 진료 중에도 그분들의 말씀을 존중하며 듣고 함께 판단합니다."

동물의 권리를 고민하다

일반적으로 한우 암소는 우사에서 기르며 인공수정을 통해 번식하고, 수소는 태어난 지 3년 이내에 도축해 우리가 먹는 고기가 된다. 자연에서 풀을 먹고 12시간 동안 천천히 반추하여 소화해야 하는 소들을, 서둘러 빨리 키우고 싶은 마음에 사람들은 곡물이 첨가되어 짧은 시간에 빠르게 소화되는 사료를 먹이기 시작했고, 쉽게 커버린 소들은 자주 아팠다. 젖소의 경우도 분만하고 첫날부터 매일 같이 우유를 짜기 때문에 대사성 산후 질병, 유방염 등에도 고기소들보다 더 쉽게 노출된다. 소들이 아프면 그만큼 치료를 위해 항생제를 비롯한 여러 약품들을 더 많이 필요로 하게 된다. 민정 씨가 다니는 병원에서는 조금 느리더라도 지구환경과 소를 위해 유기농 목초 우유를 생산하는 목장을 운영하고 있다.

"소는 위가 네 개예요. 그중 제1위는 반추위라고도 불리는데, 미생물을 통해 풀 속에 들어 있는 섬유질을 소가 사용할 수 있는 영양분으로 바꾸는 일을 하거든요. 풀을 한꺼번에 먹고 편한 곳에 앉아 잘게 씹어 다시 삼키면 위에서 미생물이 그 풀을 분해해요. 그러면 섬유질이 점차 소가 쓸 수 있는 영양분이 되죠. 그런데 곡물 위주의 농후사료를 먹이면 반추하는 과정이 자꾸만 생략되고, 미생물의 균형이 깨지기 시작해요. 그러면 소화기 질병이 생길 수밖에 없어요. 이런 문제를 막기 위해 회사 목장에서는 100퍼센트 유기농 조사료를 급여하고 유기농 목초지를 함께 운영해요. 화학비료와 농약 없이 키운 풀을 먹은 소들의 똥을 발효시켜 다시 땅으로 돌려주는 순환성을 되살립니다. 또 땅을 건강하게 할 뿐만 아니라 소들이 발생시킨 메탄가스를 다시 흡수해요. 소들이 원래 설계된 방식으로, 인간의 편법 없이 키우는 방법을 계속 연구하고 있어요."

그 밖에도 민정 씨가 다니는 병원에서는 위 내에 머무르며 소의 체온과 운동량 등의 데이터를 지속적으로 파악해 주는 위내 센서를 수입해 소들에게 활용한다. 사람이 정해 놓은 시간이 아니라 소가 원하는 시간에 자율적으로 착유하

는 로봇착유기도 목장에 도입하였다. 목장에 첨단기술을 도입하자 사람의 노동력도 줄었지만, 궁극적으로는 소들이 건강해졌다. 센서를 통해 질병을 조기에 파악하고 소들이 더 편안할 수 있도록 고민한 결과였다. 과학기술을 도입해 동물 질병을 예방하고 친환경적인 축산업을 선도하는 병원에서 일한 덕분에 민정 씨는 2021년 러시아 목장에 파견을 나가기도 했다.

"블라디보스토크 근교 시골마을에 있는 커다란 목장이었어요. 젖을 짜는 소만 해도 700두 이상으로 국내 평균 규모의 스무 배가 넘어요. 그런데 소를 관리할 마땅한 수의사가 없는 거예요. 겨우 수의사를 구해놓으면 말썽을 부렸대요. 워낙 시골이라 술집 하나 없는 곳이었는데, 술이 마시고 싶어서 축사에 있는 소독용 에탄올을 보드카마냥 마시고는 일주일 동안 출근을 못 하고. (웃음) 우리 병원으로 컨설팅 요청이 들어와 제가 파견을 갔어요. 직접 가보니 목장의 위생 상태가 엉망이었고, 소들도 유방염이나 난임으로 고통받고 있었고요. 제가 가서 대단한 일을 한 건 아니고, 가장 시급한 문제를 우선 해결했어요. 청결과 위생 같은 기본적인 것만 바로잡아도 목장 환경이 금세 달라지더라고요. 한 달에 3주는 한국에, 1주는 러시아에 있으면서 매뉴얼을 만들고 직원들에게 진료에 필요한 기술을 가르쳐주었어요. 코로나바이러스가 창궐하기 전까지 피곤한 줄 모르고 보냈죠."

남자들도 기피하는 이 일을 계속 하는 이유

민정 씨가 이 일을 계속하는 힘은 '지속가능한 축산'을 고민하는 데서 나온다. 내 아이가 태어나면 좋은 공기와 자연환경 속에서 자라길 바라면서도 동시에 분유와 소고기 등 축산물 섭취가 불가피하다. 일하면서는 종종 이상적인 동물 윤리적 가치관과 반하는 상황을 만나기도 한다. '대량생산'을 목표로 동물의 복지를 간과하는 현대 축산과 정면으로 마주하며 그럴 수밖에 없는 현실도 이해하지만, 한편으론 환경운동가들의 목소리도 그냥 지나칠 수 없다. 축산업을 싸잡아 어떤 이는 '학대'라고도 표현하니, 처음에는 자주 혼란스러웠다.

"그렇다고 환경이 오염되니 갑자기 불을 피우지 말자, 전기를 쓰지 말자고 하는 건 씨알도 먹히지 않는 시대잖아요. '고기 안 먹기 운동'이 일어나면, 축산업에 종사하는 사람은 다 죽어나는 거고요. 1층에서 단숨에 10층까지 올라갈 수 있나요? 동물복지와 환경을 생각하는 마음으로 현실로부터 한 계단씩 밟아야 한다고 생각해서 '채식주의는 정말로 환경을 좋게 만들 수 있는 걸까?', '언제부터 고대 인류의 축산에서 오늘날과 같은 축산의 형태로 자리 잡혔을까?', '인공수정은 정말 동물학대일까?' 등 질문이 생길 때마다 책도 찾아보고, '트레바리'라는 북토크 커뮤니티에 독서모임을 만들어 이끌고 나누었어요. 여전히 정답은 알 수 없지만 나름대로 방법을 찾고, 한 단계씩 발전해갑니다. 수의사로서, 또 축산이라는 하나의 산업을 대하며 지금의 축산으로부터 한 발씩 더 나은 방향을 고민할 수 있어서 대동물을 선택하길 정말 잘한 것 같아요."

최근 제인 구달 박사가 내한했을 때 운 좋게 그의 강연회에 참석했다. 열심히 준비해 간 질문을 할 기회는 오지 않았지만, 다른 사람들도 민정 씨와 같은 고민을 안고 있었다. 미래 세대가 자연을 누릴 수 있을지에 대한 걱정, 환경의 회복 가능성을 의심하는 마음 등 사람들은 불안한 마음을 제인 구달에게 토로했다.

"제인 구달 할머니는 계란으로 바위를 치는 것 같아도 실천하고 행동하라고 하셨어요. 하루아침에 바뀔

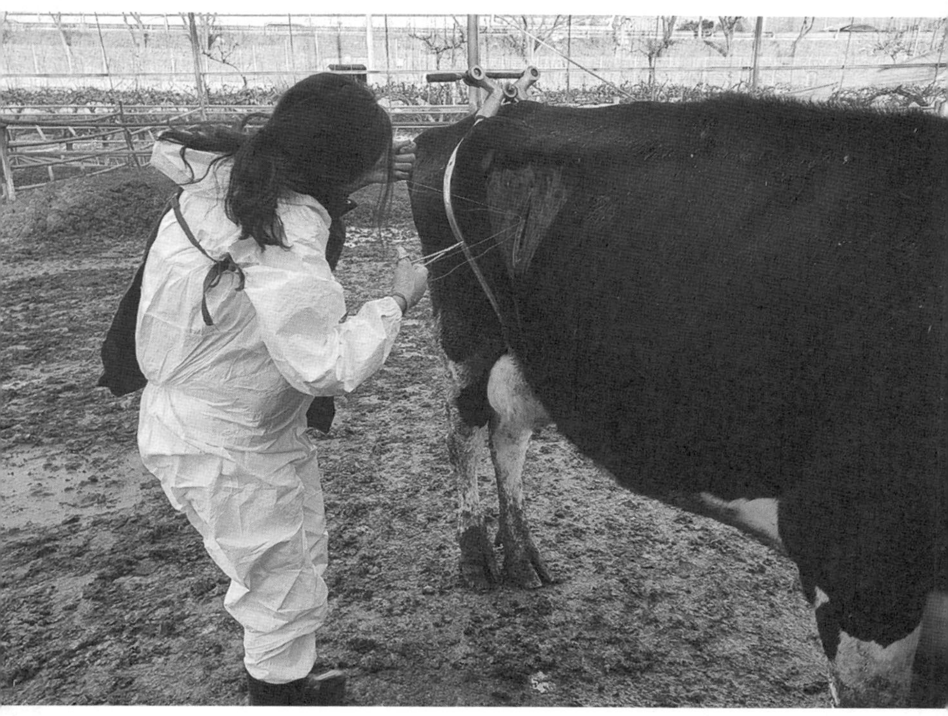

부분이 아니니 계속 해나가는 것이 중요하다고요. 실망하지 말라고요. 할머니가 그렇게 말하니 저도 마음이 평안해졌어요. 환경과 사람과 산업 사이에서 갈등하는 제 마음을 응원해 주셨달까요? 주변 사람들과 곧 태어날 딸에게, 내가 할 수 있는 작은 일을 계속 해보고 싶어요."

그녀는 오랫동안 마음에 품고 있던 '그림 그리기'를 꺼냈다. 축산업과 함께 환경윤리를 쉽게 전달할 통로로 '웹툰'을 선택했고, 틈틈이 그림 공부를 해서 인스타그램에 '숲툰'(@suup_toon)이라는 환경 웹툰을 연재하고 있다. 소의 출산을 돕거나 착유하는 등의 수의사 일상을 그리며 소와 목장의 배경지식을 설명하고, 실천 가능한 환경 지킴 방법을 알려준다. 일반인들은 잘 알지 못하는 목장의 삶을 보여줌으로써 축산 현장에 대한 사람들의 편견과 오해를 푸는 데 일조했다. 임신과 출산과 육아로 휴재를 거듭하지만 계속 해나가고 있다.

"소와 인간이 함께한 시간이 2만 2천 년이라고 해요. 하지만 축산업이라는 시스템이 잡힌 지는 100년밖에 안 됐거든요. 그래서 지금의 시스템이 고착화되지 않았다고 생각해요. 시행착오를 수정하며 더 좋은 방향으로 성장할 수 있다고 믿어요. 제가 하는 일은 지

저분하고 위험하며 근무 시간이 깁니다. 게다가 시골에 있고 문화생활 같은 건 포기해야 할 때도 있어요. 남성들이 차지한 이 직업이 편하고 좋아 보여서 얻으려고 한 게 아니에요. 오히려 남자들도 기피할 만큼 겉보기엔 하나도 좋아 보이지 않죠. 그럼에도 제가 소 수의사로서 노력하는 이유는 이곳에 제가 살아내고 싶은 삶이 있기 때문이에요. 따뜻한 목장 인심과 거기에 보답할 수 있는 실력 있는 수의사, 축산의 미래를 고민하고 현장에서 적용하는 것이 진심으로 가치 있다 여기기 때문이에요. 이런 제 모습만 보면 괴짜 같지만, 전형적인 여성의 면도 있어요. 저는 지금 결혼하고 아이를 낳고 기르는 평범한 여성의 삶도 살고 있습니다. 그것 또한 그래야 해서가 아니라 제 인생에 정말로 중요한 것이라고 느끼기 때문입니다. 혹시 저와 비슷한 마음이 있어 대동물 수의사가 되고 싶은 여자 후배님들이 있다면 언제나 대환영이에요!"

9

『바그다드 동물원 구하기』의 저자 로렌스 앤서니는 우연한 기회로 환경과 동물의 삶에 관심이 생겨 다니던 직장을 그만두고, 평생 동물을 구조하고 야생동물구역을 조성하며 살았다. 2003년 미국과 영국이 이라크를 침공했을 때는 방치된 동물원의 동물들을 구하기 위해 전쟁 중인 바그다드에 들어갔다. 함락 직전의 도시를 탈출하기 위해 길게 늘어진 피난 행렬을 거슬러 연일 포탄이 떨어지는 전장에서 '아직 살아 있는' 동물들에 물을 먹이고, 먹이를 구해다 주었던 사람이다.

어떤 사람들은 '내 목숨도 지키기 힘든 마당에 동물을 구해서 뭣해?' 하며, 쓸데없는 일을 하는 사람으로 그를 치부했다. 나는 그의 일이 '쓸모없다'기보단 가능성이 없다고 생각했다. 한 사람이 애를 쓴다고 동물원이 회복할 가능성이 희박해 보였기 때문이다.

하지만 책을 읽으며 '왜, 언제나 사람이 우선이어야 하지?' 하는 의문이 들었다. 사람이 저질러놓고 수습하지 않는 일에 자연과 동물이 희생되는 것에 분노를 느꼈다. 회생 가능성이 없다고 하더라도, 단 1분이라도 절망적 결과를 지연시킬 수 있다면 옳다고 믿는 일을 계속하는 것이 맞지 않을까?

다스리거나 복종시킬 권리만을 가지고 자연을 당연히 훼손하고 낭비하고 희생시키는 것에 반대하는 사람들을 생각한다. 『우리가 작별 인사를 할 때마다』에 나오는 글처럼 "어떤 생물을 초대하면 생물을 보호해 주고 방어해 줄 의무도 함께 온다".

로렌스는 로렌스의 방법으로, 그리고 신민정은 신민정의 방법으로 '사람'이 '동물'과 '더불어' 살아가기를 위해 애쓰는 사람들을 응원한다. 민정 씨의 다음 스텝은 직접 목장을 운영하는 수의사가 되는 것이다. 송아지가 무사히 나올 때까지 소와 함께 밤을 지새우던 목장의 주인들처럼 소 궁둥이만 쳐다봐도 어떤 녀석인지, 뭐가 필요한지 척척 알아차리는 이가 되겠지. 그때도 여전히 쉽고 재미난 방법으로 사람들에게 목장의 이야기를 들려주는 그림 이야기꾼이기를 바란다. 계속해 나가기를 바란다.

INTERVIEW 07

공군 항공기 조종사 —
이세리

군인과
항공기 조종사가
꿈이었던 여자아이

공군사관학교(57기)를 졸업하고 제5공중기동비행단 258공수비행대대 비행대장을 거치기까지 CN-235 수송기 조종사로 총 15년을 지낸 여성 파일럿이다. 2020년 공군 보라매 공중사격대회 공중기동기 분야 공중투하 부문에서 최우수 조종사로, 2021년에는 기동통제 부문 최우수 조종사로 선발되었다. 15년 동안 2900시간의 비행을 감당해낸 사람. 거리로 따지면 107만 3000킬로미터. 지구 한 바퀴가 4만 120킬로미터니 지금껏 지구를 스물여섯 바퀴하고도 반을 넘게 비행했다. 현재는 공군본부 직할 항공우주전투발전단에서 근무하고 있다.

초등학교 1학년 생활을 마치고 방학식을 하고 돌아온 아들의 가방 속엔 학교 교지가 들어 있었다. 300명이 채 되지 않는 시골 학교 전교생의 이름과 간단한 자기소개, 장래희망, 그리고 본인만의 재능으로 쓰거나 만든 작품이 소개된 제법 두꺼운 교지였다. 나는 학생들의 장래희망을 흥미롭게 살펴보았다. 30여 년 전 내가 초등학생이었을 땐 남자아이들은 과학자, 여자아이들은 교사를 꿈꾸던 아이들이 많았는데, 어떻게 달라졌을지 궁금했다.

'유튜버'와 '아이돌'처럼 30년 전에는 없었던 직업을 제외하고는, 생각했던 것보다 내 어릴 적과 크게 다르지 않았다. 남자아이들의 꿈 중에는 '비행기 조종사'가 유독 많았다. 초등학교 운동장엘 가면 종이비행기를 접어 날리는 아이들과 자주 마주친 일도 생각났다. 모두 남자아이들이었다.

혹시나 같은 꿈을 적은 여자아이가 있나 싶어 손가락으로 짚어가며 살펴보았다. 전교생 여자아이 중 단 한 명이 그 꿈을 품고 있었다. 남녀가 지닌 단순한 흥미의 차이일 수도 있고, 아니면 저렇게 '위험한', 혹은 저렇게 '빠른', 저렇게 '용기 있는'

일은 '남자의 일'이라고 생각했을지도 모르겠다. 나조차도 '파일럿' 하면 남자를 떠올리니까.

문득 이 여자아이가 품은 꿈은 실현 가능성이 있을지 궁금했다. 여성 파일럿도 분명 존재하니 어떤 식으로든 길이 있을 거고, 그 길은 좁은지 험난한지 구체적으로 알고 싶었다. 항공기 조종사의 여성 비율은 어떠한지도 궁금했다. 무엇보다 여성 파일럿을 직접 만나보고 싶었다.

그렇게 수소문해 만난 사람이 이세리 소령이다. 공군사관학교를 졸업하고 15년 동안 군용 수송기를 직접 조종하는 여성 파일럿으로 '군인'이자 '항공기 조종사'이다. 이 두 가지의 직업은 전 세계를 통틀어 가장 대표적인 남초 직군이자, 많은 남자아이들의 장래희망이다. 여성의 수가 지극히 적은 곳에서 두 가지 일을 병행하며, 한 아이의 엄마로 살아가는 삶은 어떠한지 듣고 싶어 그녀의 근무지 근처에서 만났다.

군인이라는 신분도, 항공기 조종사라는 직업도, 글만 쓰며 시간을 보낸 나에게는 지구 반대편이나 다른 행성의 일처럼 느껴졌다. 그녀는 차근차근 쉬운 이야기부터 풀어나갔다. 어느새 나는 시골 학교에서 유일하게 항공기 조종사의 꿈을 키우는 어린 여자아이의 마음이 되어 있었다.

"어릴 때부터 계획적이고 규율과 규칙에 따르는 삶을 좋아했어요. 제 성격을 오래 봐오신 어머니가 넌 군인이랑 잘 맞을 것 같다는 말씀을 하셨고요. 마침 고등학교 때 사관학교를 지원하려던 친구가 있어서 저도 같이 시험 준비를 했죠. 육해공 중에 공군이 가장 멋져 보여서 선택했고, 솔직히 그때만 해도 공군사관학교를 졸업하면 항공기를 모는 조종사가 되는지조차도 몰랐어요. 그래서 아주 어릴 적부터 꿈꿔왔던 일이라고는 말씀 못 드리지만, 사관학교의 교훈인 '배우고 익혀서 몸과 마음을 조국과 하늘에 바친다'를 처음 봤을 때 느꼈던 전율은 잊지 못해요. 이 길을 선택한 것은 제 인생에 가장 큰 전환점이죠."

'안정된 직업'을 갖고 싶었고, 군인이 '적성'에 잘 맞을 것 같아서, 라는 평범한 이유를 대며 이야기를 시작했지만 세리 씨는 공군사관학교에 세 번이나 도전한 사람이다. 첫 번째 시험에서는 합격하지 못했고, 다른 대학교를 다니면서 준비해 사관학교에 지원할 수 있는 마지막 나이인 스물두 살에 합격증을 거머쥐었다. (위계질서가 중요한 군대이다 보니 사관학교 지원에 나이 제한을 둔다.) 목표한 것은 포기하지 않는 저 오래된 근성이 세리 씨를 여기까지 오게 했구나, 첫 질문에 대한 대답에서부터 나는 어렴풋이 느낄 수가 있었다. 그녀는 이후로도

'안정적'이라는 단어를 자주 사용했지만, 이 단어를 삶에서 지켜내기 위해 악바리처럼 했을 노력은 말하지 않아도 알 수 있었다.

공군 내에서도 조종사는 매우 소수

공군사관학교를 졸업하고 2009년 3월에 임관했다. 장교를 달면 그때부턴 바로 실전 비행훈련에 돌입한다. '훈련 조종사' 또는 '학생 조종사'라고 불릴 때다. 약 1년 반의 입문 · 기본 · 고등과정 비행훈련을 마치고 나면 정식으로 조종사 윙을 달게 된다. 제5공중기동비행단에 몸을 담은 지는 15년이 되었다. 사관생도 시절까지 포함하면 20년의 가까운 시간 동안 군인과 항공기 조종사라는 이름을 유지하기 위해 해마다 시험대에 올라 절차를 거치고 자격을 올려갔다. 소위, 중위, 대위를 거쳐 소령으로, 비행대대 안에서는 비행대장으로, 그리고 후배 조종사를 훈련시키는 교관으로, 다양한 역할과 이름을 감당하며 살았다.

"훈련 조종사 시절을 잊을 수가 없어요. 사관학교 졸업 전에 신체적 결격사유가 있는 인원을 제외하고 대부분 조종사가 되는 훈련 코스로 들어간다고 보시면 됩니다. 내가 비행에 재능이 있는지, 장차 어떤 모습의 장교가 될지 확실히 알지 못하는 상태로 비행 현장으로 돌입하는 거죠. 실제 비행훈련에선 작은 실수도 자칫하면 큰 사고로 이어질 수 있으니 훈련은 강도가 매우 높고 교관들도 굉장히 엄격하고요. 하지만 저는 미숙하고……. 매일매일 원하는 기량에 도달하지 못하는 나 자신, 제대로 공부하지 않았거나 뜻대로 항공기 조작이 안 되어 기합을 받는 나 자신과 마주해야 했죠. 훈련에서 도태되어 짐을 싸 나가는 동기도 직접 보게 되고. 나 역시도 떨어지면 어떡하나, 중압감에 시달리곤 했어요."

훈련 조종사들에게는 1년 반의 비행훈련에서 삶과 미래가 결정된다고 해도 과언이 아니다. 사관생도에서 갓 임관한 초임 장교들은 조종사가 되기 위해 비행훈련에 돌입하지만, 그중 절반도 안 되는 인원만이 비행훈련을 수료할 수 있다. 공군에서 조종사의 역할을 하는 이들은 매우 소수이다. 나머지는 무기정비, 항공관제, 기상, 공병 등 항공기가 안전하게 하늘을 날 수 있도록 직·간접적으로 지원해 주는 다양한 병과

로 배치된다.

모두가 필수적인 병력이지만 조종사는 많은 인력과 화물을 실은 항공기를 직접 모는 위치에 있다 보니 더 많은 책임감과 지식이 필요하다. 그래서 시험대의 최종 자리에 있는 것이다. 군 항공기는 크게 전투기와 공중기동기, 무인기 등으로 분류할 수 있는데 세리 씨는 고도의 훈련 끝에 수송기 조종사에 지원하여 합격한 케이스이다. 사관학교 정원의 10퍼센트가 여생도인데, 유독 세리 씨가 졸업한 기수에서 여군 조종사가 많이 배출되었다. 본인 표현에 따르면 "애들이 독하고 야무져서"라면서도, '소수'이나 함께 길을 걷는 동료들이 있다는 사실은 그녀에게 큰 위안이 된다고 했다.

> "훈련 조종사 시절에는 그렇게 기량이 뛰어나진 않았어요. 남들과 똑같이 노력해서는 안 되겠다는 생각이 퍼뜩 들어서 부조종사 때까지는 주말마다 출근해서 비행 교범과 항공기 매뉴얼을 달달 외울 정도로 공부했습니다. 저는 사실 문과 출신에, 기계에 관심도 없고 도통 기계역학이 이해가 안 됐던 사람이거든요. 그런 제가 15년 차에 들어서서도 종종 매뉴얼 책을 펼쳐봅니다. 지금은 재미있어요. (웃음) 기장으로서 비행의 모든 책임이 저에게 있기에 조종 기술뿐 아니라 제 분야가 아니더라도 모든 부분을 꿰뚫

고 있어야 한다고 생각했어요. 이 항공기의 안전성을 믿고, 장시간 비행하기 위해 항공기를 정비해 주시는 정비사와도 자주 소통해야 합니다. 항공기에 대한 제 애정과 진심을 보여주고 싶어서 정비사분들이 귀찮아할 만큼 쫓아다니며 시스템과 기체별 특성에 대해 질문하고 공부했어요. 저희 비행단 조종사 중에선 제가 정비사분들과 가장 친하다고 자신 있게 말할 수 있어요."

저 무거운 항공기가 어떻게 뜨는 걸까? 무심히 하늘을 쳐다봤던 여고생은 눈만 뜨면 항공기만 생각하는 전문 조종사가 되었다. 육지를 달리는 자동차와는 비교할 수 없을 만큼 복잡한 장치들이 있어 모든 매뉴얼을 정확하게 알고 있어야 하고, 항공법, 기상학, 지리학도 제대로 공부해야 한다. 무엇보다 공중 상황에서 짧은 순간에 판단하는 능력이 탁월해야 한다. 그러기 위해선 매 순간 달라지는 비행 감각을 몸으로 익혀야 하고 항공기 성능도 파악해야 하며, 그 와중에 지상과 통신하며 크로스체크를 하고, 다음 상황, 그다음 상황까지 예측해야 하는 '초대왕 멀티플레이어'여야 하는 것이다.

순간의 판단이 늦어지는 항공기는 추락할 것이다. 수십, 수백억에 달하는 경제적 손실은 물론이거니와 수십 명의 목숨이 위태로워질 수 있다. 그 모든 것이 본인에게 달렸다고

생각해 그녀는 죽기 살기로 공부했다. 비행이 숙련된 지금은 엔진 소리만 들어도 항공기 상태를 알 수 있지만, 그래도 다시 한 번, 비행에 돌입하면 할 수 있는 모든 방법으로 항공기의 안전한 상태를 확인한다.

"비행하다 보면 스스로 대단한 사람인 양 우쭐할 수 있는데 사실 인간이 지면에서 발을 떼고 산다는 게 대자연을 거스르는 일이기에 항상 겸손하려고 노력해요. 인간은 작은 요소로도 실수할 수 있는 존재여서 나 자신보다 항공기 계기와 체크리스트를 훨씬 믿죠. 사실 비행을 오래 하다 보면 체크리스트도 다 외워지거든요. 그러나 이걸 보지 않고 외워서 빠르게 절차를 수행하는 후배들에겐 정말 엄하게 혼내요. 과신하지 말라고요."

그의 예민함과 까다로움은 오직 항공기만 생각하며 보낸 시간과 노력의 결과물이다.

성장하는 자신을 만나는 기쁨

세리 씨가 모는 항공기의 이름은 CN-235. 이착륙 성능과 기동성이 뛰어난 다목적 수송기이다. 최대 6톤의 화물을 적재할 수 있으며, 귀빈이나 환자를 이송할 때도 쓰인다. 조종사 서른 명 정도가 모인 비행대대의 지휘관 대대장 아래의 직급이 비행대장인데, 그 직급을 세리 씨가 맡고 있다. 한마디로 '넘버 투'인 셈이다. 대대원 중에는 세리 씨 포함 여섯 명의 여성이 있다.

> "군이나 국가에 필요한 화물을 공수하고 지원하는 업무가 많고, 수송기로 탐색구조도 합니다. 그리고 군용기 중에서는 CN-235의 고유한 임무인데요, 안타까운 사고지만 야간 해상에서 배가 전복되거나 침몰사고가 있으면 수송기를 띄워서 조명탄을 떨어뜨려요. 그러면 주변이 굉장히 밝아져서 해경 · 군이 야간 수색작업을 펼칠 때 큰 도움이 되죠."

인원이나 화물을 투하하는 일도 수송기의 주요 분야이다. 1년에 한 번씩 공군의 가장 큰 행사라고 할 수 있는 〈공중사격대회〉가 열리는데, 세리 씨는 2020년에 '공중투하' 부문에서 1등을 차지했다. 또 매년 공군본부에서 최우수 조종사를 선정하는데, 2021년에는 '기동통제' 분야에서 최우수 조종사로 선정되어 국방부장관 표창을 받았다. 전국의 조종사 중 단 세 명만이 받을 수 있는 표창이었기에 더 의미 있었다.

세리 씨는 그런 순간을 좋아했다. 부족한 부분에 공을 들이면 반드시 성장해 있는 자신을 마주하는 기쁨을 느꼈다. 그런 면에서 군대의 시스템이 그의 기질과 잘 맞는 셈이다. 군은 때마다 숙제를 내주었고, 세리 씨는 목표가 생기고, 목표에 가닿기 위해 노력한다. 원하는 결과물을 얻을 수 있었고, 그렇지 않을 수도 있었다. 대체로 노력의 결과물은 정직했다.

> "전술대회에 출전하는 걸 좋아해요. 지정된 고도와 속도를 유지하며 계기에 집중하는 임무 비행과는 달리, 전술 비행을 할 때는 전시 상황을 가정해 적진에도 침투하고, 전투기에 비하면 미미한 정도지만 중력가속도를 견디며 제한치에 다다르게 급하강하는 기술도 쓰거든요. 저는 그게 너무 짜릿하고 재미있어요. 그것도 대대 안에서 대회 출전권을 얻어 전국의 내로라하는 조종사들이 모여 경쟁하는 거죠. 일과는 별개로 전술 비행이 주는 통쾌함이 있어요."

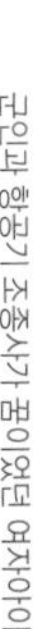
군인과 항공기 조종사가 꿈이었던 여자아이

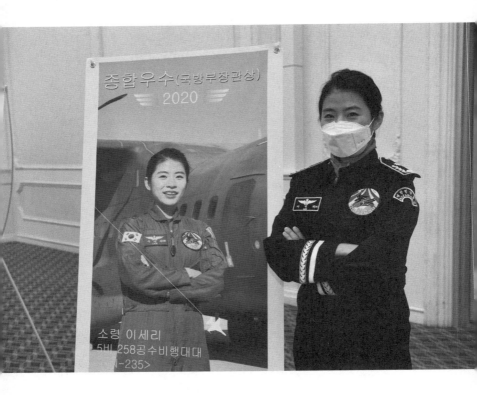

성별과 상관없이 한 분야에서 인정 받는 일

항공기와 비행 자체에 대해 이야기할 때면 세리 씨의 눈은 유독 반짝였다. 목표한 것을 이루고 달려가는 데서 겪는 과정은 정말이지 힘들 것이다. 그러나 좋은 결과물을 받아든 사람이 으레 그렇듯 힘든 과정은 까맣게 잊어버린 사람 같았다. 나는 그녀가 군인으로, 조종사로 살며 얼마나 힘들까 생각했다. 거대한 남성 집단에서 여성으로 살아가며 받을 고통의 무게를 생각하며 질문을 준비했다. 게다가 그녀는 한 아이를 키우는 워킹맘이지 않나. 하지만 요리조리 캐물어 보아도, 그녀는 훈련이 얼마나 괴로운지는 말해도 '내가 여자라서', '내가 엄마라서'에 대한 이야기는 크게 하지 않았다.

"글쎄요, 사실 저는 오히려 역차별을 느낄 때가 종종 있어요. 필수시설로 여자휴게실은 반드시 있는데, 남자휴게실이라고 별도로 만들어진 건물은 거의 없거든요. 그리고 해마다 전 장병이 1년에 한 번씩 체력검정을 받아요. 도달 기준은 물론 남자가 더 높죠. 하지만 신체적인 차이를 고려하더라도 여군은 조금만 노력하면 특급을 달성할 수 있어요. 군인, 특히 조종사에게 가장 기본적인 건 체력이기에 남군과 똑같지는 않더라도 여군에게도 높은 체력 기준을 요구해야 한다고 생각합니다. 실제 상황에 처했는데, 제가 편의를 제공받을 수 있을까요? 한 집단에서 소수의 성별일 경우 어쩔 수 없이 튀고 돋보이는 경우들은 있어요. 신체적 활동을 요구하는 직능의 경우, 여성에게는 '과연, 잘할 수 있겠어?' 하는 기본적으로 걱정의 시선이 있는 것도 사실입니다. 하지만 남들의 평가보다 중요한 건 저 자신의 인정이었습니다. 성별과 상관없이 한 분야에서 인정받기 위해서는 동료들보다 몇 배의 노력이 필요합니다. 여자이기 때문에 노력한 것은 아니에요."

한 사람의 조종사를 키우는 데 70억이 든다고 한다. 한 번의 실수로 수백 명이 목숨을 잃을 수도, 수십억의 경제적 손실이 날 수도 있기에 조종사를 길러내는 데 많은 투자를 한다. 그저 '안정'된 직장을 원해서라고 소심하게 이야기했던 여고생은 어디로 가고, 어느새 고강도의 훈련을 견디고 '안전'을 위해 하루를 불사르는 항공기 조종사가 '책임감'으로 몸과 마음을 무장한 채 내 앞에 앉아 있었다. 단 한 번의 사고도 없이 15년간 2900시간의 비행 임무를 마친 그를 보니, "나라가 참 잘했네"라는 생각밖에 들지 않았다.

군인과 조종사 중 하나를 택하라면?

공군 조종사의 의무복무는 사관학교 출신 기준 15년이다. 국가를 위해 의무복무의 소임을 다한 세리 씨 동기 군인들은 또 한 번 진로를 놓고 고민한다. 전역 후 민항기 조종사의 길을 걷는 이도 있고, 상급 부대로 이동해 정책 업무을 맡기도 한다. 그녀는 계속 군인으로 남기를 선택했다. 다양한 업무 경험을 더 쌓고 나면 다시 비행대대로 돌아가 대대장이 되는 수순이 일선 조종사로서의 최종 단계 같은 것이다. 아마 그곳에서 여성들의 수는 더 줄어들 것이다. 그러나 그런 문제는 세리 씨에게 중요하지 않을 것이다. 선택했고, 또 앞으로 나가는 일만 남아 있을 것이다.

그녀는 단 한 번도 이 길을 걸은 것을 후회하지 않는다고 했다. 아쉬운 점은 딱 하나. 15년을 함께한 사랑하는 CN-235와 함께 더는 하늘을 누비지 못한다는 것. 그래서 그녀에게 물어보았다. 군인과 항공기 조종사, 두 가지 중에 무엇으로 불리는 것을 더 좋아하는지. 잠시 고민한 그녀는 다음과 같이 말했다.

"저는 비행을 좋아해요. 15년간 수송기와 함께한 시간이 인생에서 가장 행복했어요. 하지만 둘 중 하나로만 불려야 한다면 저는 조종사를 내려놓고 군인을 선택하겠습니다. 조종사가 되는지도 모르고 군인이 되고 싶어 사관학교에 입학했을 때 마음과 훈련 조종사 시절 느꼈던 마음처럼, 부족한 한 인간이 성장할 수 있도록 아낌없는 자원을 들여준 국가에게 늘 감사하고 평생 보답할 겁니다. 여담인데 제 이름 세리世理는 '세상을 통하고 다스린다'는 뜻이거든요. 제 이름값을 '군인'이라는 직업으로 해내고 싶어요. 세상을 기쁘게 하고, 자부심과 함께 맡은 일에 최선을 다하면서요."

ㄱ,

한 아이의 엄마이자 여성인 세리 씨가 온전히 일에 집중하며 무한히 성장할 수 있었던 데에는 가족의 역할이 컸다. 사관학교 동기이자 같은 조종사인 남편은 누구보다 세리 씨의 상황과 마음을 잘 아는 사람이었다. 훈련 조종사 시절 부족한 역량 때문에 힘들어할 때, 본인도 같은 훈련 조종사의 처지이면서도 시간을 빼 도움을 준 사람이다.

결혼하고 아이를 낳고서도 한결같았다. 고민에 공감하고, 함께 성장할 방법을 찾아갔다. 세리 씨가 초급지휘관 참모교육으로 3개월간 집을 비웠을 때도 퇴근 후 잠을 줄여가며 전적으로 딸의 육아를 책임졌다. 그리고 지척에 살며 손녀를 봐주시고, 부부의 삶을 지지하고 응원하는 시어머니가 계셨다. 엄마와 함께하는 시간이 부족했을지언정 사랑하는 마음은 넘쳐났으니, 딸 아인이는 누구보다 엄마를 존경하며 건강하고 해맑게 자랐다. 세리 씨는 '가족'이야말로 자신이 받은 가장 큰 복이라고 말했다.

물론 갈등이 없었다면 거짓말일 것이다. '육아'라는 주제가 끼어들면 어느새 부부간의 로맨스는 사라지고 전쟁터를 방불

케 하는 갈등의 현장이 되기 마련이다. '희생', '분업', '시간'과 같은 노동의 현장에서나 들을 법한 단어들이 따라온다. 그런데 세리 씨의 이야기를 들으면서는 '가족의 희생'이라는 말은 떠오르지 않았다. 각자의 역할을 인정하는 사람들 사이에서 자연스럽게 흘러나오는 '배려'와 '사랑'과 '우정'이 느껴졌다.

세리 씨는 15년의 임무 비행을 마치고, 2024년 1월에 계룡대로 근무지를 옮겼다. 항공기 조종이라는 15년의 커리어와는 완전히 다른 일을 시작한 세리 씨를 4~5년 뒤에 다시 한번 만나고 싶다. 새로운 일에 또 얼마나 악바리처럼 굴었을지, 직접 들어보고 싶다. 그땐 세리 씨의 바람대로 직함이 달라져 있을까? '여성'으로선 매우 드문 직함이겠지만 '여성'을 갖다 붙이면 세리 씨는 또 싫어하겠지?

INTERVIEW 08

전통 가마 도예가 —
박도연

업에 들어가면 여성 도예가 수가 적은 이유

중국을 거쳐 현재는 제주 모슬포에서 활동하는 도예가. 특이하게도 제주 바다에 버려진 패각을 모아 흙이나 유약에 섞거나 안료로 사용하며 도자기를 만든다. 애물단지로 여겨지는 바다쓰레기들이 얼마나 아름다운 작품으로 만들어지는지, 다양한 실험을 통해 작업을 이어간다. 형태 디자인은 '고대 유물' 색감, 질감 디자인은 '제주 자연'에서 영감을 얻으며 도자기를 빚는다. 대표적인 작품이 '반달항아리'이다. 바다와 가장 가까이 살면서 그 앞에 펼쳐진 모래와 현무암, 화산송이 등을 작품 속에 넣으며 제주만의 색감을 어떻게 구현할지 날마다 고민한다.

드라마에서 이런 장면을 한 번쯤 본 적 있을 것이다. 꼬부랑 할아버지가 되었으나 눈빛만은 살아 있는 도예가가 산중 가마터로 올라간다. 가마에서 나온 도자기들을 찬찬히 살펴본 뒤 한 치의 망설임도 없이 망치로 도자기를 깨버리며 소리치기 시작한다. "아니야. 이게 아니야! 이건 쓰레기야!" 꽤 인상 깊었던 모양인지, 그 장면을 본 어린 시절의 나는 도예를 하는 사람들은 모두 괴팍한 할아버지일 거라 생각했다. 어디서 도자기를 보게 되면 '이 아이는 망치질에서 어떻게 살아남았을까' 심각하게 고민한 적도 있다.

지금은 제주 시골 동네 곳곳에서도 얼마든지 도자기 체험 수업을 들을 수 있을 정도로 친근해졌지만, 유명한 도예 대가나 가마터 앞에서 서 있는 사람은 여전히 남성이다. 내가 제대로 알고 있는지 확인하고자 다른 주제로 한 차례 인터뷰를 한 적이 있는 박도연 도예가에게 물어보았다. 그녀는 공예 분야에서 보면 섬유공예 쪽은 여성이 많으나, 도자공예는 남성이 많다고 했다. 남성이 많은 이유로는 힘, 환경, 지속성을 꼽았다. 예전보다 여성 도예가의 활동이 많아진 지금은 어떤 변화가 있는지도 묻고 싶었다.

도연 씨는 한국과 중국에서 전통 도자를 공부한 도예가이다. 중국에서 공부하던 그녀는 팬데믹으로 예기치 않게 제주로 돌아왔고, 이곳에서 '산호요珊好窯'라는 독자적 도자공예 브랜드를 내고 활동한 지 4년쯤 되었다. 그녀의 작품은 매우 독특하다. 제주 모슬포 항구 주변에 버려진 뿔소라, 전복 껍데기 등의 자연 폐기물과 전국 각지의 흙을 주원료로 사용해 도자기를 만든다. '달항아리'로 불리는 백자대호白磁大壺를 편병으로 만든 '반달항아리Half Moon Jar'가 대표 공예품이다.

동일한 프로세스로 만들어도 자연 재료가 가진 고유한 물성과 작업하는 날의 기온, 가마 온도에 따라 매번 다른 색깔과 질감을 지닌 작품이 나온다. 그 재미에 빠져 재료학과에 들어가 공부를 하며 '세상에 단 하나뿐인 공예품'을 만들기 위해 다양한 실험을 한다. 한 치의 이물질도 없어야 하는 작업에 오히려 쓰레기를 접목하며 도자기를 빚는 여성 도예가야말로 내가 본 '화면 속 고정관념'을 깨뜨려줄 마땅한 사람이라 생각했다.

— 아주 어릴 적부터 한 길을 걸어오셨더라고요. 이 분야를 모르는 저는 '와, 이런 학교도 있구나!' 하며 감탄했어요.

초등학교 때 만장굴에서 도자기 체험 수업을 들은 적이 있는데 그날 점토를 처음 만져보고 완전히 빠졌어요. 이후 가족과 경기도 이천을 여행했는데, 이천은 도자기의 도시잖아요? 도로 표지판에 '도예'라는 단어가 얼마나 많았는지 몰라요. 막 흥분되더라고요. 경기도 이천시에서 설립한 공립학교 '한국도예고등학교'도 표지판으로 알게 되었어요. 그때부터 여기 들어가겠다고 부모님께 졸라 열일곱 살에 기숙학교에 들어갔어요. 들어가고서야 알았죠. 많은 친구들이 이미 도자공예를 접하고 있거나, 부모님 혹은 그 윗세대부터 대대로 도자를 하는 집안에서 자랐다는 걸. 그렇게 보면 제가 일찍 시작했다고도 할 수 없어요.

고등학생이 되고서는 유홍준의 『나의 문화유산 답사기』에 깊은 감명을 받기도 했고, 박물관에서 유물을 보거나, 전통과 관련된 이야기를 듣는 것을 워낙 좋아하다 보니 문화재를 다루는 학교는 없을까 찾아보게 되었어요. '한국전통문화대학교'라고 문화재청에서 만든 학교가 있더라고요. 그때부터 의심 없이 그 대학교만 바라보고 공부했어요.

— **'제주물허벅 장인을 만나고 싶다'는 딸의 바람을 들어주러 함께 찾아간 아버지에 대한 기사를 읽었어요. 어린 딸을 기숙학교로 보낸 것도 그렇고, 부모님의 묵묵한 지지가 힘이 되었겠네요.**

좋아하는 분야를 선택하니 공부를 잘하진 못 했어도 정말 즐겁게 했어요. 부모님의 공이 가장 컸다고 생각해요. 물허벅 장인을 만난 계기도 학교 때문이었어요. 제가 다니던 학교엔 도예를 이미 잘 아는 애들이 왔다고 했잖아요? 자기 지역에 있는 장인을 만난 경험도 있더라고요. 그래서 '그럼 제주에는 어떤 장인이 있을까?' 궁금했고, 찾아보게 되었죠. 부모님은 사실 도자기에 대해 잘 모르시는데도, 내가 원하니까 장인이 있는 곳까지 운전해 태워다 주시고 그랬어요. '안전'에 대한 간섭은 하셨지만, 그 외에는 제 의견을 존중해 주셨어요. 아주 어릴 적에도 제 말을 어린아이의 말로 치부하지 않고, 동등하게 대화란 걸 했던 것 같아요. 늘 제 말에 귀 기울여주시고요.

— **저도 그런 부모가 되고 싶단 생각이 드네요. 도연 씨 또한 어릴 적부터 주체적으로 사신 것 같아요.**

워낙 호기심이 많고, 궁금한 건 풀고 봐야 하는 성격이에요. 그리고 저를 틀에 가두는 걸 좋아하지 않고요. 보통 도예를 하면 어느 한 분야를 파게 되거든요. 예를 들면 백자를 하는 사람은 계속 백자를 만들죠. 청자, 분청사기, 옹기도 마찬가지고요. 또 백자를 선택했다고 하면, 그것이 청화백자인지, 백자에 양각을 할지, 음각을 할지 더 세분화하고 더 깊이 파고들어요. 중국은 분야가 더 다양하고요.

그런데 저는 어느 쪽에 속하고 싶지 않더라고요. 여러 가지 공부를 하고, 재료를 만져보면서 박도연만의 흙으로 만들어보고 싶다고 생각했어요. 다른 물성을 가진 재료와 흙을 접목시켜 보기도 하면서요. 그래서 지금도 제주대학교에서 재료학 공부를 계속하고 있어요. 재료공부와 작업을 계속하면서 저만의 흙을 찾아가는 것. 흙뿐만 아니라 유약도 마찬가지고요. 흙으로 작업한 뒤 자기를 반짝거리게 유리질화시킬 때 바르는 것이 유약인데, 이런 유리질화하는 물성도 연구해서 저만의 유약을 만들고 싶어요.

—— **그런 발상의 실행이 '반달항아리'겠죠? 자연 쓰레기들과 흙을 접목시키신 게 너무 신기해요. TV에서 보면 도자기에 이물질이 조금만 보여도 막 망치로 깨버리고 그러잖아요.**

제가 사는 모슬포 동네를 산책하다 보면 버려진 패각류 껍질이 많아요. 뿔소라, 전복, 성게 같은 것들이죠. 집 마당에서 땅을 좀 파면 소라껍데기가 나오기도 하고요. 육지의 대학생 시절이나 중국 유학 중 방학 기간에 제주 본가로 돌아오

면, 호기심에 그런 것들을 주워서 절구에 빻고 갈아서 실험해 봤어요. 처음엔 '아, 이거 흙에 섞어 구우면 무슨 색깔이 나올까?' 궁금해서 계속 테스트해봤죠. 코로나바이러스로 예기치 않게 귀국하고 제주에 머무는 시간이 길어지면서 본격적으로 데이터를 쌓아보자 해서 실행에 옮겼어요. 어차피 이 껍질들은 폐기해야 할 쓰레기였고, 나름 비치코밍으로 줍는 데에 의미가 있다고 생각했죠.

그리고 이 패각류 껍질도 이야기를 품고 있잖아요? 옛 유물이나 문화재도 보면, 그 안에 이야기가 담겨 있죠. 이 오브제는 그 옛날 누가 사용했을까, 처음엔 어떤 집에 있었을까, 생각하게 되잖아요? 지금 만드는 반달항아리도 어쩌면 그런 오브제의 역할을 할 수 있겠단 마음이 들었어요. 버려진 패각류를 가지고 도자기를 만들면, 이 아이도 20년 뒤에 100년 뒤엔 멋진 이야기로 만들어지지 않을까 하고요.

— **하지만 이런 패각들이 도자기를 만드는 원재료는 아니기 때문에 아주 많은 데이터를 쌓아야 할 것 같아요.**

네, 맞아요. 사실 실험을 계속하는 중이고, 실패할 때도 진짜 많았어요. 지금도 가마에서 나오는 애들 중에 형체가 불분명하게 녹아내린 것들이 있어요. '지주'와 '내열판'이라는 가마 도구가 있어요. 작업물을 쌓아 올릴 때 받쳐주는 기둥과

지붕이라고 생각하시면 되는데요. 얘네들이 1300~1400도의 열을 버티거든요. 그런데 이 패각류를 섞은 작업물을 쌓아 굽고 가마에서 내리면, 녹아내려 이 도구들에 막 붙어 있어요. 그것 때문에 가격이 상당한 가마 도구들을 버려야 하죠. 그래서 재료에 대한 공부를 계속하는 거고요.

—

이런 과정을 통해 쓰레기였던 것들이 아름다운 작품으로 재탄생하는군요! 도자기를 만드는 과정 중에 가장 품이 많이 드는 건 무엇인가요?

모든 과정에 시간과 품이 많이 들어요. 도자기가 만들어지는 과정을 먼저 설명하자면, 디자인 들어가기 전에 먼저 공간 구상을 해요. 이 작품이 어디에 놓이는지가 무척 중요하거든요. 그다음 작품 구상을 하고, 디자인 작업에 들어가요. 그리고 재료를 준비하는 긴 시간이 필요하고, 형태를 만들어가는 시간, 그 형태를 건조하고 가마에 넣는 시간 등등이 필요해요.

그중에서 가장 힘든 일을 꼽으라면, 재료를 준비하고 만드는 시간인 것 같아요. 형태를 만들 때 드는 노동과는 좀 다른 느낌이죠. 형태 만들 때는 가만히 앉아 고도의 집중력을 가지고 손을 많이 쓴다면, 재료 준비는 말 그대로 육체적인 노동이죠. 흙을 개고 물의 농도를 달리하고, 패각류를 줍고, 갈

고, 부수고…… 지금은 패각류를 분쇄하는 기계가 있는데, 옛날엔 손으로 일일이 빻았어요. 그리고 쌓아놓은 데이터의 수치대로 비율을 맞춰야 하고요. 재료를 준비하는 단계가 가장 힘들고 품이 많이 들어요.

— **예술 분야라서 창작의 고통이 가장 클 줄 알았는데, '노동'의 의미가 더 크게 다가오네요.**

그럼요! 저는 너~무 노동이라고 생각해요. (웃음) 항상 노동하고 있고요. 제가 고등학생 때부터 가족과 떨어져 있다가 부모님이랑 산 지는 이제 3년 됐어요. 그 전까진 중국에서 계속 도자기 작업을 했고요. 집에 올 때마다 이야기했어요. "나는 노동자다. 외국에서 온 노동자다. 만날 흙 개고 도자기 빚고 뜨거운 가마 온도 조절하다가 온다"라고. (웃음)

지금 작업하는 공간에는 가마 2개가 있고, 분쇄하는 기계, 반죽하는 기계, 판을 미는 기계가 있어요. 이 아이들은 모두 제 노동을 분담해 맡아주는 협업자들이죠. 그전에 이런 것들이 갖춰져 있지 않았을 땐 전부 손으로 다 했어요.

— **그럼 질문을 달리해서, 작업과정 중에 도연 씨를 가장 즐겁게 하는 노동은요?**

음…… 그것도 역시 재료를 만드는 시간이네요! 그래서 도자기를 계속 만드나 봐요. 재료 만드는 게 힘든데, 그 일이 하기도 싫었다면 그만뒀겠죠. 이게 왜 재밌냐면요, 도자라는 물성이 '불'과 만나잖아요. 불이랑 만났을 때, 예측했던 결과와 완전히 다른 애들이 나올 때가 있어요. 물성이 굉장히 유동적이니까요. '과학'이 데이터를 쌓아서 어떻게든 이 유동성을 잡으려고 애를 쓰는 분야라면, '예술'은 데이터가 일정하든 그렇지 않든 예상치 못한 결과물에 기뻐할 수 있는 분야예요. 예상한 결과물이 아니라 '실패작'이라 이름 붙인다 해도, 그 실패한 것도 예쁘고 아름다운 거예요. 오히려 너무 좋을 때도 있어요. 그래서 그 실패한 애로 데이터를 쌓아보는 거예요. 그 지점이 재밌어요.

— **앞서 학교 친구들이 대부분 부모님 세대, 아니 훨씬 윗세대부터 도예를 했다고 하셨죠? 그런 데서 오는 결핍은 없었어요?**

결핍이라기보단 확실한 장단점이 있어요. 가장 아쉬웠던 부분은 친구들에겐 다 갖춰진 작업 환경이 저에겐 없다는 것? 저에겐 그게 가장 힘들었어요. 제주 와서도 작업 환경이 없으니 막막했거든요. 그런데 문득 그런 생각이 들더라고요. '어렸을 때부터 보던 모슬포 삼춘들 중에 전기 설비하는 분도 있고, 포크레인 가진 분도 있지 참? 이분들 도움 좀 받으면 되지 않을까?' 그래서 정말 모슬포 삼춘들 덕에 가마도 만들고 산업전기도 들여왔어요. 어린 시절부터 저를 봐온 삼춘들이라 제가 도예하는 걸 알고는 있었지만, 그분들이 도자기에 대해서는 모르시죠. 그래서 제 작업실 기계들을 보고 신기해 하기도 하셨어요.

생각해 보면 제가 도예하는 데 도움을 주신 분들, 부모님이나 삼춘들은 도예와 관련이 없어요. 그런데 그게 한계치를 넓혀주는 큰 장점이기도 해요. 가업처럼 윗세대의 작업을 이어가는 것도 소중하지만, 또 거기에 한계와 틀을 느끼고 독립하는 친구들도 봤고요. 저는 그런 울타리가 없었기 때문에 오히려 새로운 시도를 할 수 있었어요. 뭐든 편한 마음으로 호기심을 가지고 작업할 수 있었던 거죠. 단점이 장점이 되기도 하는 거예요. 사실 비교하기엔 전혀 다른 길을 걷고 있다고 생각하고요.

—— **보통 도자공예를 하는 사람들의 성비는 어떻게 되는지, 앞서 만나신 제주물허벅 장인도 남자분이실 것 같고, '장인'이라는 수식어를 쓰는 분 중에 여성은 없나요?**

제가 학교 다닐 땐 비슷비슷했어요. 하지만 부모님 세대, 그 윗세대까지 대대로 도자를 하는 집안에서 온 아이들은 거의 남자였던 것 같아요. 여자인 경우는 드물었죠. 아마도 우리 위의 세대로 올라가면 그럴 수밖에 없을 거예요. 물허벅 장인도 여자가 있다는 말은 한 번도 들어보질 못 했어요. 또 신기한 건…… 학교 다닐 땐 비등비등한 성비였지만, 아직도 도예를 하고 있거나 작품활동을 계속하는 여성 작가의 수는 줄어들어요.

—— **슬프지만 이런 대답을 또 듣게 되는군요. 배움의 길에는 비슷한 성비지만, 업의 길로 들어서면 여성이 줄어요. 이유를 뭐라고 생각하세요?**

일단 도자공예는 체력적인 면이 받쳐줘야 해요. 앞에서 이야기했듯이 준비하고 빚고 가마에 굽고 꺼내는 일들은 보통 힘 달리는 일이 아니거든요. 실제로 도자공예를 배우다가도 너무 힘들어서 섬유 쪽으로 진로 방향을 바꾸는 일도 있고요. 노동의 강도가 어마어마해요. 그래서 가마와 흙을 분쇄하는 기계 등 노동의 강도를 덜어주는 환경이 필요하고요.

그런데 그 환경을 만드는 데도 많은 품이 필요해요. 앞서 말씀드린 대로 부모님 이전 세대부터 도예를 해서 가마와 기계 설비가 모두 갖춰진 환경이 아니라면 사실 접근하기 힘든 분야예요. 할아버지 대부터 시작한 집안에서는 아버지, 아들로 내려오는 경우가 많으니, 여성보다는 남성이 이미 갖춰진 환경을 부여받는 경우가 있을 것 같고요.

그리고 마지막으로는 지속성이 아닐까 싶어요. 함께 공부했다고 하더라도 결혼을 하거나 아이를 가지면 자연스럽게 경력이 단절되는 건 여성 예술가들이니까요. 도예라는 작업 자체가 엄청난 품이 드는데 육아도 그만큼, 아니 그보다 더 에너지가 소모되는 일이잖아요?

— **그래도 문화센터나 작은 규모의 동아리에서 수업하시는 도예 선생님들은 주로 여성분인 것 같은데, 맞나요?**

예술가들도 궁극적으로는 자신의 작품과 능력으로 경제적 활동과 수입을 추구해야 하잖아요. 옛날과 비교했을 때 지금은 돈을 벌거나 사회적으로 진출하는 형태가 달라졌어요. 또 앞서 언급한 세 가지의 벽을 자기만의 방식으로 해결하는 분들이 늘어났고요. 대표적인 게 취미로 도자를 배우고 싶어하는 일반인들을 대상으로 수업을 여는 거죠. 그리고 가마를 대여해 주고 도자기까지 구워주는 서비스 등을 이용해서 본인이 직접 환경을 만들지 않아도 되는 시스템이 많이 생겼어요. 그래서 요즘은 도예 분야에서도 많은 여성 작가님을 볼 수 있어요. 그래도 보통 육아와 멀어진, 혹은 크게 관련 없는 분들이 많이 하시는 것 같아요. 저는 할머니가 될 때까지 계속 도자기를 만들고 싶은데…… 그러면 혼자 살아야 하나? (웃음)

—— **도연 씨 선배들 중에 그런 부분에서 롤모델이 되었던 사람은 없나요?**

제가 도예고등학교 다닐 때, 교장선생님이 여자분이셨어요. 원래는 작품활동을 하는 도예가였는데, 일본 유학 시절에 백자가 우리나라 것임에도 불구하고 '백자의 고향, 후쿠오카'라고 써 있는 플래카드를 보고 큰 충격을 받아, 잘못된 것을 바로 가르치는 '교육자'가 되어야겠다고 생각하셨대요. 또 아이들을 가르치면서도 필요하다고 생각되면 색채학 같은 공부를 나이와 상관없이 시작하셨고요. 도예가로서 개인 작업에도 충실하셨어요. 작품도 많이 만들고, 전시회도 꾸준히 여셨고요. 그 시절에는 흔히 볼 수 없었던 분이라 나도 선생님처럼 되고 싶다는 생각을 많이 했어요. 그런데 그분도 결혼을 안 하셨거든요. 훗날 퇴임하시고 결혼하셨어요.

— **은퇴하고 결혼을 하셨다니! 교장선생님은 삶의 우선순위가 정확하게 있었나 봐요. 그것도 하나의 방법이 될 수 있겠단 생각이 드네요. 그런데 이 책에 나오는 인터뷰이 중에서 자신의 일과 육아를 함께하는 분도 계세요.**

주로 남편분들이 서포트를 잘 해주시지 않나요? 서로의 일과 삶을 존중하고 배려하고, 가까이 살면서 적극적으로 도와주시는 부모님이 계신다면 충분히 가능한 일이라고 생각해요. 저도 때와 상황이 허락한다면 결혼하고 임신 중에도 출산 후에도 도자기를 빚는 사람이 되고 싶어요. 아이를 키우면서는 또 새로운 작업을 하게 될지도 모르고요. 지금은 새로운 공부를 하고 학교에서 늦게까지 작업하느라 늦은 밤까지 집에도 들어가지 못하고 있지만요. (웃음) 제 삶의 우선순위에 있는 중요한 부분입니다.

— **좀 전에 '혼자 살아야 하나' 하셨던 건 고민이 아니라 걱정이었군요. 출산과 육아를 병행하는 것이 힘들다는 걸 주변을 통해 알고 계시지만, 하고 싶은 일 중 하나인가요?**

때와 상황이 물 흐르듯 자연스럽다면요. 부모님이 저를 자유로이 키워주셨던 것처럼 저도 제 아이에게 좋은 가치관을 물려주고 싶어요. 제가 요즘 남자중학교에 도자기 수업을 나가고 있어요. 제가 다니던 시절보다 직업군도 다양해지고, 입시도 선택의 여지가 넓어졌다고 생각했는데, 사실 그렇지 않더라고요. 여전히 — 아니, 저희 때보다 더 — 시험이 주는 스트레스에 힘들어했어요. 교복을 입고 학교에 들어가는 순간 아이들은 입시 시스템에 갇혀버린 것 같더라고요. 종종 저에게 '나는 좋아하는 게 없다', '앞으로 뭘 해야 할지 모르겠다', '그런데 공부는 너무 싫다' 하며 묻기도 해요. 저도 아이들에게 꿈과 현실, 이상 사이에서 어떻게 조언해 줘야 하는지 굉장히 어렵더라고요.

수업을 마치고 돌아가는 길에 그맘때 나에게 부모님이 해주셨던 말을 생각해봤어요. 엄마 아빠는 제게 '무엇'이 되기보다 '어떻게'에 대한 이야길 많이 해주셨거든요. '너는 어떤 친구가 되고 싶으냐', '훗날 사회로 나가 세상에 섰을 때 너와 네 이름이 어떻게 불리길 원하냐', '어떤 사람이 되고 싶으냐' 같은 질문을 많이 하셨어요. 그때 제 대답은 사실 기억나지 않아요. 하지만 중요한 선택의 기로에 섰을 때 부모님이 했던 질문들을 생각하고 염두에 뒀던 것 같아요. 저도 훗날 아이에게 그런 질문들을 해보고 싶어요.

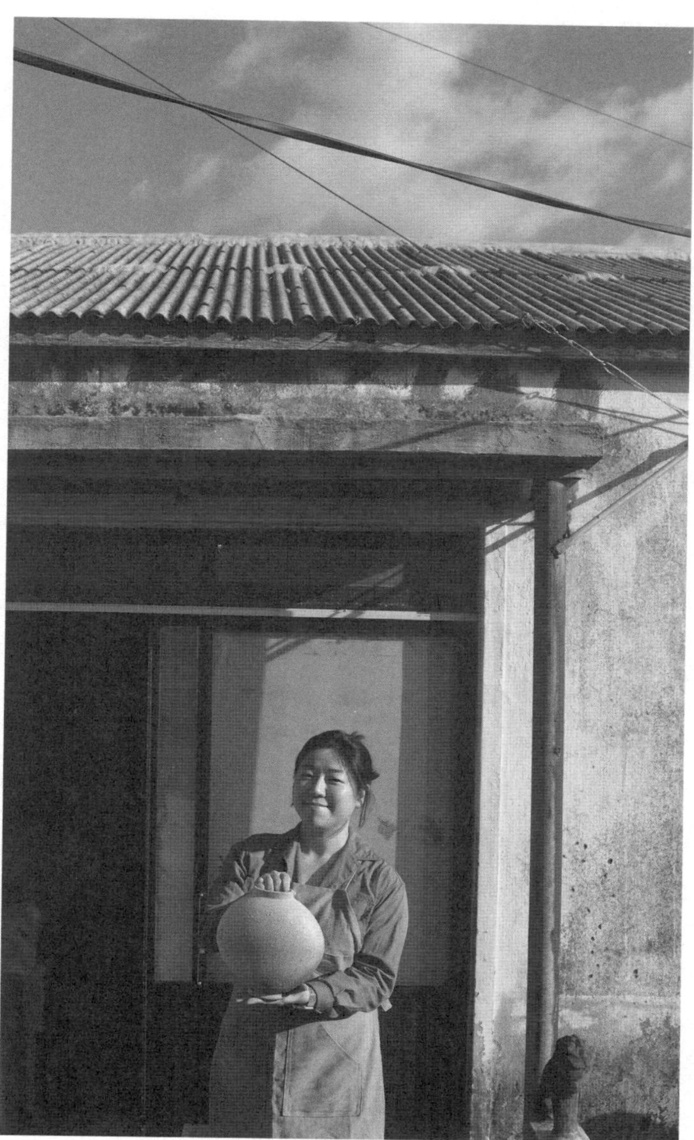

사진 ©이일구

— **마음만 있다면 그게 무엇이든 포기하지 않기를 바랍니다. 그런 의미에서 지금 가장 바라는 것이 있다면요?**

음…… 오로지 내 손목? (웃음) 손목 안 다치게 주의하자! 손목은 예술이자 노동을 하는 데 가장 필요한 도구니까요. 출산이든 결혼이든 아직 일어나지 않은 일이라 지금으로선 작업을 즐겁게 하고 싶어요. 지금 이 순간의 제 일이니까요. 그러려면 건강해야 하고요. 재미있는 작업을 계속해보고 싶어요.

,

도연 씨의 '반달항아리'라는 작품을 개인적으로 좋아한다. 달빛, 바다, 모래, 돌이라는 이름의 도자기는 각각의 이름에 걸맞게 눈으로만 봐도 느껴질 정도로 질감이 살아있다. 정면에서 보면 둥그런 항아리이지만, 측면에서 보면 완전히 납작한 것도 특징이다. 그렇게 만든 이유는 그녀가 오브제의 '쓰임'에 집중했기 때문이다.

"정면에서 보면 우리가 생각하는 '달항아리'의 이미지와 비슷하죠. 실제로 달항아리에 모티브를 두기도 했고요. 그런데 달항아리라는 유물이 가진, 보름달처럼 둥글고 꽉 찬 이미지가 참 좋긴 한데요. 이것을 집에다 놔둔다고 가정해 봤을 때, '집이 얼마나 커야 하지? 얼마나 집을 비워내야 하지?' 그런 생각이 들더라고요. 그래서 어디서든 잘 어울리는 오브제를 만들어야겠다고 생각했어요. 그게 '반달항아리'예요. 정면에서 봤을 땐 보름달처럼 둥글지만, 측면으로 보면 평평하고 납작한 반달 모양이에요. 공간을 크게 차지하지 않으면서도, 책을 기댈 수도 있고, 꽃을 꽂을 수도 있게끔 실용적인 면을 더했어요. 유물의 아름다움을 표현하면서도 일상에서 편하게 쓸 수 있는 작품을 상상하며 만들었습니다."

반달항아리를 소개했던 도연 씨의 말을 정리하며, 문득 '쓰임'을 위해 이렇게도 저렇게도 방법을 찾아 헤매는 우리 모습이 떠올랐다. 도예 취미반을 개설하는 것도, 가마를 공유하는 것도, 은퇴 후에 결혼하는 것도, 어떻게든 '쓰임'을 위해 궁리한 방법들이 아닌가? 지금은 '완성'형의 방법이 아닐지언정 앞으로도 이런 궁리는 끊임없이 계속되겠지. 끝내 우리는 방법을 찾아가겠지.

LESLIE BENNETTS

나는 여성들이 불안전하고
불완전한 삶을 살기를 바라지 않는다.
남성에게 의존하는 반쪽 삶에 안주해
미래를 위험에 빠뜨리지 않기를 바란다.
세상에는 당신이 할 일이 가득하다.

레슬리 베네츠, 『여자에게 일이란 무엇인가』

어디에나 존재하는 여성들의 더 나은 삶을 위한 제언

인터뷰이를 만나고 돌아오는 날이면 생각이 많아졌다.

'차별의 기준은 무엇일까?'

'마냥 동등할 수 있을까?'

'업무 배제 앞에서는 어떤 방법으로 대처하는 것이 옳을까?'

'육아와 일을 행복하게 병행할 수는 없을까?'

'우리가 연대하면 상황이 나아질까?'

대화하면서 마땅히 풀지 못한 의문은 그녀들과 헤어진 뒤로도 내 일상에 남았다. 일하는 여성을 이상하게 보는 시대는 완전히 지나갔지만, 여성이 지속적으로 일하는 데는 여전히 방해 요소들이 있다는 것도 확인했다.

각각의 인터뷰이들을 만난 소회와 함께, 해결하지 못한 숙제를 정리해 보고 싶었다. 정리한다고 완벽한 답이 생기진 않겠지만, "나에게 이런 의문이 있어. 너희들은 어떻게 생각해?" 하며 책에서라도 대화를 하고 싶었다. 이 책을 읽는 사람들이 함께 고민하고, 생각을 키워간다면…… 좀 더 나은 방법을 찾을 수 있지 않을까? 처음 꼬마 아이들의 양성평등 그림이 내 마음 밭의 씨앗이 되어 인터뷰집을 기획한 것처럼, 이 책이 누군가에게 씨앗이 될 수 있지 않을까? 내가 만난 사람들이 일하는 여성 전체를 대변하지는 못 하겠지만, 이들과의 대화를 통해 몇 가지 생각할 거리를 정리해 보았다.

1. 배려인가, 배제인가

인터뷰이들은 다양한 직업을 가졌고, 살아온 환경도 걸어온 길도 타고난 기질도 달랐기에 질문과 대답이 크게 겹치지 않았다. '여성'이라는 키워드를 내세운 질문 역시 애써 하진 않았다. 살아온 길을 같이 걸어가 보면 자연스럽게 여성로서의 고충도, 전혀 다른 일에 몸담고 있지만 그들의 공통점도 찾을 수 있을 듯했다.

공통된 질문은 "업무 중에 여성이라는 이유로 차별을 느낀 적이 있나", "그래서 힘든 상황이 닥쳤다면 어떻게 극복했나" 정도였다. 흥미로웠던 것은, 똑같은 질문을 했을 때 인터뷰이의 일부는 "여성으로 차별받아 힘들었다"라고 답했고, 일부는

"여성이라 힘든 적은 없다. 오히려 역차별이라고 생각한다"라고 말한 지점이다. 완전히 상반된 워딩 앞에서 잠시 헷갈렸으나, 차츰 두 가지의 대답이 결국 같은 의미임을 깨달았다.

2022년에 일어났던 층간소음 흉기난동 사건을 기억할 것이다. 이 일로 경찰의 미흡한 대처, 특히 여경의 행동이 크게 부각되면서 여경 혐오가 사회 곳곳에 번졌다. 인터뷰를 진행하며 나는 이 사건을 종종 떠올렸다. 그때 여경의 현장 대응이 미흡했다면 그것은 '경험 부족' 때문일 수도, 여경'만' 매우 욕을 먹었다면 그것은 여경이 '소수'이기 때문일지도 모른단 생각이 들었기 때문이다.

실례로, 박수민 소방관은 불이 난 현장으로 출동할 시 자주 물탱크차에 배치되었다고 했다. 불 끄는 일은 펌프차에 배치된 대원들이 하는 일이다. 무거운 호스를 붙잡고 두 사람이 합을 맞춰 불을 끄는, 힘겹고도 중요한 일을 할 기회가 여성 소방관에게는 자주 오지 않았다. 긴급한 상황에서 조금이라도 실수를 줄이기 위함이라는 사측의 판단일지도 모르고, 여성 대원을 배려하기 위함일 수도 있다. 강지혜 조경사는 이를 두고 "배려라는 이름으로 배제를 당한다"라는 표현을 썼다. 위험하다는 이유로, 일이 중요하다는 이유로, 그 외 많은 이유로 배려의 탈을 쓴 배제가 다양한 직군에서 일어난다면, 여성은 대체 어디에서 경험을 쌓고 제대로 일할 기회를 얻을 수 있을까?

"오히려 역차별이다"라는 말은 이런 차별과 배제를 거부하는 반응일 것이다. 이세리 소령은 매년 행해지는 체력 테스트에서 여성의 기준 도달 점수가 남성에 비해 현저하게 낮은 것이 불합리하다고 생각했다. 전쟁 같은 실제 상황이 일어났을 때를 대비해 여성에게도 철저한 준비가 필요하며, 과업을 제대로 달성하기 위해서는 여성에게도 온전한 기회가 주어져야 한다는 말이었다.

소방관, 경찰, 군인 등은 여성 채용의 비율이 정해져 있다. 반세기에 걸쳐 5퍼센트에서 10퍼센트로, 그리고 15퍼센트에 가닿기 위해 애쓰는 중이다. 피나는 노력 끝에 높은 경쟁률을 뚫고 당당히 합격한 이들은, 관련 직종에 부정적 이슈가 생기면 기다렸다는 듯 사회적 편견과 지탄의 대상이 된다. 미숙하게 운행하는 차를 보면 "여자가 운전하지?" 하는 것처럼, 직종과 아무런 상관이 없는 사람들도 심지어 남녀를 불문하고 "그러게, 왜 여자를 채용해?"라는 말을 쉽게 내뱉는다.

김승주 항해사는 후배들에게, 어떻게든 열심히 해서 '잘' 해내는 것이 가장 중요하다고 말했다. 여성은 언제 어디서든 눈에 띄는 소수이기 때문이다. 작은 실수도 크게 보이는 자리에 있는 우리는 더 열심히 기회를 얻어 현장의 자리에서 연습해야 한다. 아무것도 시키지 않고 "잘하라"는 건 어불성설이다. 현장에서의 쓸모를 의심하지 않도록 일할 기회에서 배제당하지 않기를 바란다. 배려라는 이름으로 버린 카드가 되지 않기를 바란다.

2. 여성이라서 힘든 게 아니라, 이 일은 원래 힘들고 위험하다

"남성들이 차지한 이 직업이 편하고 좋아 보여서 얻으려고 한 게 아니에요. 겉보기에 하나도 좋아 보이지 않죠. 그럼에도 제가 소 수의사로서 노력하는 이유는 이곳에 살아내고 싶은 삶이 있기 때문이에요."

신민정 수의사의 말에, 인터뷰이들의 직업을 다시 한번 살펴보았다. 이들은 대부분 자칫 실수하면 인명 피해마저 생기는, 그래서 고도의 집중력과 책임감을 요하는 강도 높은 일을 했다. 남자들도 쉽게 선택하지 못하는 직업군에 그녀들이 있었다. 그들은 직업 자체에 애착이 컸고, 크든 작든 자신이 하는 일에 의미를 부여하며, 뒤따라오는 후배들에게 도움을 주고자 본인의 노하우를 정리했다. 일 자체에 매력을 느끼고 직접 그 일을 하기 위해 달려온 사람들이다. 들어와 보니, 그저 그 직군에 남자가 많았을 뿐이다. (사실 몇몇 여초 직군을 제외하고선 모든 직군에 남자가 월등히 많다.)

신민정 대동물 수의사, 김승주 항해사, 한상영 오케스트라 지휘자 등은 여성이 극히 드문 직업을 지녔다. 소 수의사는 여름엔 덥고 겨울엔 추운 축사에서 역한 냄새를 견뎌야 한다. 항해사는 1년에 반년 이상 배에 갇혀 있어야 한다. 지휘자는 오랜 전통으로 인한 보수성이 직업 자체에 남아 있다. 그 외에도 수많은 고충이 있는 자리에 1퍼센트도 되지 않는 여성들이 반드시 존재했고, 세상 곳곳에서 사명감을 가지고 일한다.

내가 만난 인터뷰이들은 밝고 긍정적이었다. 여성으로서의 고충을 풀어놓을 법도 한데, 그런 것보단 이 일을 해나갈 때 필요한 역량을 갖추기 위해 공부하고 배우는 일에 관심이 집중되어 있었다. 그들을 보며, '1퍼센트'라는 저 작은 숫자가 해마다 딱 그만큼씩 늘면 좋겠단 생각이 들었다. (비록 아들이지만) 나의 자식이 동물을 좋아해서 소 수의사의 길을 걷고자 한다면, 바다를 좋아해 망망대해에서 일하겠다고 한다면, 뒤늦게라도 예술의 길을 걷고자 한다면, 나는 적극적으로 응원해 주고 싶다. 롤모델로 이들의 이야기를 전해주고 싶다.

3. 여성은 계속 왜 '증명'해야만 하는가

광역시 권역마다 매해 '최강소방관대회'라고 불리는 소방기

술경연대회를 개최한다. 여섯 개의 수관이 끼워진 금속 관창을 어깨에 짊어지고 달리거나, 70킬로그램의 마네킹을 업고 뛰거나, 20킬로그램의 물통을 양손에 들고 계단을 뛰어오르는 등 다섯 개의 코스를 완주해야 하는, 그야말로 인간이 지닌 체력의 한계를 테스트하는 경기이다.

2018년에 처음으로 이 대회에 여성이 참가했다. 박수민 소방관의 롤모델이기도 한 김현아 소방관은 현장에서 일하는 여성 소방관들의 쓸모를 증명하기 위해 출전해 완주했다. 결과는 끝에서 세 번째. 당시 유일무이한 여성으로 출전한 터라 여러 기사에 그녀의 이야기가 실렸는데, 악플이 무수히 달렸다. "꼴등할 거 자랑하려고 나갔냐", "우리 집에 불나면 너는 오지 마라" 등의 말에 상처도 받았다고. 하지만 그녀의 출전 이후로 해마다 소방경연기술대회에 나가는 여성 소방관은 늘었고 점점 더 나은 성적을 내기도 했다. 〈피지컬 100〉 등의 예능 프로그램에서도 꽤 많은 여성이 성별을 구분하지 않고 서로의 체력을 겨루는 데 용기 내기 시작한 것도 이때쯤인 듯하다.

'증명'이라는 단어는, 내가 인터뷰했던 이들의 입에서도 자주 나왔다. 여자라는 이유로 기회가 고루 돌아오지 않을 때, 미덥잖은 눈길을 받거나 언행을 들었을 때, 과거에서부터 이어지는 관행 때문에 어쩔 수 없다는 반응이 돌아올 때, 그때마다 인터뷰이들은 밤을 새워 공부하든, 자격증을 하나라도 더 따든,

방법이 있다면 찾아가 스스로 증명해 보여야 했다. 처음엔 지난한 과정과 억울한 감정이 고스란히 느껴져 '증명'이라는 단어가 버거워 보였는데, 시간이 지날수록 이들의 '증명'으로 인해 우리가 여기까지 올 수 있었음을 깨닫고 마음이 벅찼다.

돌아보면 사회 곳곳에서 당연히 누려야 할 권리나 기회의 마지막 순번은 여성이었고, 그때마다 의문을 품고 나서주는 사람이 있었다. 오래전부터 '우리도 할 수 있다'를 증명해 보인 이들 덕에 내가 정치에 참여할 권리를 가지고 투표하고, 자유롭게 글을 쓰며, 열심히 일했다. 곳곳에서 나는 그들의 덕을 톡톡히 보고 있었다.

각각의 직군에 여성이 처음 들어온 시기는 언제인지, 계기는 무엇인지 찾다 보니 아직도 여성에게 참정권을 부여하지 않는 나라가 있고, 일할 권리, 공부할 권리를 주지 않는 곳이 있음을 알게 되었다. 여성의 쓸모를 증명하며 끝내 여성의 자리를 만들어낸 이들이 이렇게나 많아졌지만, '금녀의 구역'은 여전히 존재한다. 성별의 차이로 임금이나 일하는 환경에 차등을 두는 것 역시 여성 금지 구역이나 다를 바 없다고 생각한다.

출발선이 달랐던 여성들이 쉼 없이 달려온 덕분에 여기까지 올 수 있었지만, 아직도 숙제는 많이 남아 있다. 남은 숙제에 내가 손을 보탤 일은 없을까? 책을 준비하며 더 다양한 이야기를 듣지 못한 것이 못내 아쉬웠는데, 다음엔 여초 직군에서 일하는 여성이나 여초 직장 속 남성도 만나 이야기를 모으고 싶단 소망이 생겼다. 나처럼 여성이면서도 여성 문제를 어렵게 생각하거나 간과해 온 이들에게 쉬운 방법으로 알리는 것이 나의 일이 될 수 있다면 적극적으로 해보고 싶다.

4. 배움의 현장과 달리 업의 현장에서 여성의 수는 왜 줄어드는가

'비혼', '비출산'은 이제 새로울 것도 없는, 사회 이슈 중 하나이다. '40대 기혼 여성'에 속한 나는 전혀 다른 삶을 사는 이들의 문제라 생각해 부끄럽게도 그동안 크게 관심 두지 않았다. 하지만 몇몇 인터뷰이들과 대화하는 동안 생각이 조금 달라졌다. 박도연 도예가나 박애선 군무원 등은 결혼과 출산에 대해 크게 적극적이지도 부정적이지도 않았지만 '겪어보지 않은 미래'에 대한 두려움이 있었다. 이유 중 하나는, 동료 중에 육아를 감당하며 일을 계속하는 선배가 드물었다는 것이고, 행여 일을 지속하더라도 선배들이 "너무나 힘들어 보였다"는 것이다.

직책이 높아질수록 여성의 수는 더욱 줄어든다. 그들에게 육아와 일을 병행하는 앞선 선배는 곧 나였고, 육아로 직장을 포기한 선배도 나였다. 꼭 내게 하는 말 같았다. 먹고살기 바빠서, 이미 다른 길을 걷고 있어서, 혹은 괜히 꼰대처럼 보일까 봐, 인생의 후배들이 조언과 위로를 바랄 때조차 입을 다문 것은 아닌지, 나의 행동과 말을 돌아보는 계기가 되었다. 한편으로는 결혼 후 가사일, 특히 '아이 돌봄'을 여성이 전적으로 감당하는 것은 오래전부터 공공연한 문제로 대두되었으나, 현실적으로 변한 게 없음을 확인하는 시간이었다.

1년간 전국에 있는 한국 여성들을 취재하며 "한국 여성들은 왜 아이를 낳지 않나"라는 기사를 써 화제가 되었던 진 맥킨지 BBC 기자가 2024년 '세계 여성의 날' 기념으로 강연을 했다. 비출산의 이유로 여러 가지를 들었지만, '경력단절에 대한 두려움'이 내 눈엔 가장 먼저 들어왔다. 여성은 임신하면서부터 회사 눈치를 보기 시작한다. 육아휴직을 제대로 쓸 수 있을지, 휴직이 끝나고도 자리가 남아 있을지 눈치를 본다.

자리가 있다 해도 여러 변수와 이유로 눈치 보는 일은 허다하다. 허다한 변수는 대부분 아이를 돌보는 일과 연결된다. 남녀가 똑같이 일하더라도 아이를 돌보는 시간은 여전히 엄마에게 집중되어 있다. 두 사람이 힘을 합쳐 낳은 아이지만, 남편보다 벌이가 적다는 이유로, 아이가 주양육자로 엄마를 원한다는 이유로, 그 밖의 많은 이유로 일을 포기한다. 이 굴레를 지켜본 후배들은 일과 육아 중 하나를 선택할 것이다. '일을 계속하려면 아이를 낳지 않는 것이 좋다' 혹은 '아이를 키우려면 경력단절은 불가피하다' 라고 생각하면서.

내가 만난 인터뷰이 8명 중에는 2명이 가정을 이루고 일과 육아를 병행한다. 두 사람 다 경제적 안정감이 있고, 육아휴직이나 휴가 등의 제도가 보장되어 있으며, 무엇보다 남편이 육아에 적극적이었다. 또 긴급상황에 아이를 돌봐줄 가족이 지척에 살고 있다. 그렇다고 육아의 고충이 사라지는 건 아니지만, 최소한 구성원 중 '엄마'만 아등바등하지 않는 가족 형태를 띤다.

비혼 인터뷰이 중 일을 하며 아이도 낳고 싶다고 강력하게 소망한 이는 김승주 항해사이다. 아이러니하게도 그녀는 한 해의 반 이상을 바다 위에 있어야 하는 직업을 가졌다. 아이가 자라며 장시간 엄마의 얼굴을 보지 못할 환경에도 그녀는 '엄마 선장'이 되는 것이 꿈이다. 지금껏 우리나라에서 엄마 선장의 타이틀을 단 사람이 아무도 없다니, 이 책에 나오는 이들 가운데 가장 어려운 삶의 목표를 두고 있을지도 모르겠다.

그러나 돌봄의 영역이 확대되거나, 여성만 짊어진 돌봄 노동을 실질적으로 덜어줄 제도를 국가에서 적극적으로 마련해 준다면 그렇게까지 이루기 어려울 꿈이 아니란 생각도 든다. 1인 가구가 1000만인 시대, 행복하게 살기 위해 혼자를 선택하는 시대에 구태의연한 이야기를 꺼낸 건 아닌가 싶지만, 행여 회사와 가정에서 모두 행복하기를 꿈꾸는 이가 있다면, 그들을 위한 최선의 방법은 무엇인지 함께 고민하고 싶다.

5. 서로 존재하는 것만으로도 연대가 된다

인터뷰이들은 여성이라는 이유로 크고 작은 상처의 말과 행동을 경험한 적이 있다. 전화를 받았는데 (잘못 건 줄 알고) 그냥 끊어버리거나 다른 사람을 바꿔 달라는 말을 들었고, 입사 초창기에 자신을 두고 '얼마나 버틸까' 가늠하는 행동이나 말을 들은 적이 있다. 일로 누군가를 만날 때 상대방이 깜짝 놀란다거나, 호기심 가득한 표정으로 사적 질문을 서슴지 않는다던가, "여자가 이 일을 어떻게 하냐"며 대놓고 부정적인 말을 듣기도 한다. 다른 나라에서 일하는 이는 동료가 대놓고 무례한 행동을 했을 때, 스스로 '아시아인에다 여성'이라 그런가, 생각한 적도 있었다.

그럴 때 어떻게 반응했을까? 대부분은 그 순간에 느낀 불쾌한 감정을 숨겼을 것이다. 이런 일을 하는 여성을 '처음 대해 봐서' 상대방이 '잘 몰라서' 그러겠거니, 이해하는 마음으로 받아들이거나, 고의적 차별이 아니기에 크게 상처받지 않으려 노력했다. 차별적 행동엔 거부하는 반응을 내보여야 후회하지 않는단 걸 깨닫기도 했지만, 거부의 소리나 반응을 지혜롭게 표현하기까지는 오랜 시간이 걸렸다. 이렇게 사소한 일에도 어떻게 대처해야 하는지 가르쳐 주는 이가 없어 헤매는 일은 아직도 도처에서 일어난다.

그런 의미에서 '연대'는 남초 직군에서 일하는 소수의 여성에게 특히 중요한 키워드이다. 여성이라는 이유로 무례한 말을 들었을 때, 성별을 따질 만한 업무가 아닌데 그런 뉘앙스가 느껴질 때, 불균형한 성비로 어딜 가나 주목받을 때, 하다못해 외롭다고 느껴질 때 고민을 털어놓을 곳이 마땅치 않았다. 이들은, 적지 않은 수가 모여 시대의 현안을 고민하고 해답을 도출해내는 그런 거창한 모임을 원한 것도 아니었다. 같은 처지에 놓인 사람들끼리 만나 수다라도 떨면 좋겠다는 마음이었다. 이세리 소령은 다른 기수에 비해 자신의 기수에서 여성 조종사가 두세 명 더 배출되었다는 것만으로도 든든함을 느낄 정도였다.

연대에 꼭 확실한 명분이나 제대로 된 명패가 있어야 할까? 거창한 시작은 오히려 빠른 포기를 불러올 수도 있다. 이들이 말한 것처럼 수다 모임으로라도 시작해 보면 어떨까? 사람이라면 대부분 고민거리가 생겼을 때, 믿을 만한 누군가와 상의하는 것만으로도 마음이 한결 가벼워지는 기분을 느낀다.

강지혜 조경사는 이 일을 선택하기 전까지 남초 직군에서 일하는 여성들을 찾아다녔다. 또 '남초 직군에서 일하는 여성'들의 단발성 모임에 참석했고, 팟캐스트를 통해 더 많은 이들의 고충을 듣는 자리를 마련했다. 공감능력이 뛰어난 여성들은 만나서 이야기를 나누는 것만으로도 힘을 얻는다. 서로의 경험을 공유하는 시간이 쌓이면, 완벽한 해결책은 아니더라도 다채

롭고 건강한 방법도 나오지 않을까?

예를 하나 들자면, 성인지감수성 교육을 의무적으로 시행하는 일터에 있는 박애선 군무원의 말을 들으며 '교육'에 서로를 배려하고 조심하는 환경으로 바꾸는 힘이 있음을 알았다. 하지만 이는 특정 직군에만 해당한다. 짧은 교육 하나가 필요한 변화를 불러올 수 있으니, 다른 직업군에서도 이를 시행하면 좋겠단 생각을 한 적이 있다.

하지만 회사가 몇 안 되는 여성을 위해 교육의 기회를 제공할 필요성을 느낄지, 이토록 다양한 사람들을 한데 아우를 교육 매뉴얼은 있을지, 의문이 들었다. 이럴 때 같은 고민을 하는 이들이 함께 모이면 얼마나 좋을까? 생생한 경험담을 나누는 것부터 시작해 보는 것이다. 작은 공감과 위로를 얻으려 시작한 모임은 방법을 찾을 물꼬가 될 수도, 교육 매뉴얼이 될 수도, 건강한 성평등 의식을 심어줄 그림책이 될 수도, 국가 차원의 정책이 될 수도 있다. 미약하나마 연대가 이어진다면 멋진 결과를 빚어낼지도 모르는 일이다.

때론 이 책에 등장하는 인물들이 만나는 장면도 상상해 본다. 직업 정도만 알 뿐이지 서로 만난 적도 없고, 이름도 알지 못한다. 인터뷰할 때 잠깐씩 이야기를 들려준 것이 전부이다. 그럼에도 한 책에 실릴 서로의 이야기를 재미있어하고 기대하던 표정을 기억한다. 처한 상황도, 나이도, 성격도 다르지만, 자기 자리에서 아름답게 살아가는 그들이 서로 '멋지다' 하며 엄지손가락을 올리고, 응원해 주던 모습을 기억한다. 나에겐 해답이 없지만, 멋진 언니들이 한데 모이면 풀지 못할 숙제는 없다고 생각한다. 가장 좋은 방법을 찾아갈 우리를 믿는다.

처음엔 사람이었다. 『누구의 삶도 틀리지 않았다』처럼 그 사람의 삶 자체를 이야기하고 싶었다. 하지만 인터뷰가 하나둘 늘어갈수록 관련된 책이나 기사를 찾아보며 여성이 안은 문제를 들여다보지 않을 수 없었다. 한동안은 '과연 나에게 이 글을 쓸 자격이 있는지'에 대해서도 깊이 고민했다. 아이와 일 사이에서 갈팡질팡하고, 가사노동에 매여 종종 일을 포기하며, 여성이지만 여성에 무지했던 내가 감히 글을 써도 되는지 의심했다.

스스로에게 자격을 물으며 무지와 무관심을 자책하던 순간도 소중했다. 돌아보면 감사한 마음만 남는다. 인터뷰가 아니었으면, 내가 어디서 어떻게 이들을 만날 수 있었을까? '여덟 개의 새로운 세상'을 통해 나와는 상관없다고 여긴 이들을 조금이나마 이해하며 응원하게 되었고, 아름다운 삶을 살고자 고군분투하는 이들을 통해 나의 일을 어떻게 사랑해야 하는지도 배웠다.

의도한 바는 아니지만 지난 책 『당신이라는 책, 너라는 세계』에서 "다음에도 내게 할애된 지면이 있다면 '여성', '엄마', '어린이', '노인'의 이름을 단 사람들을 만나 글을 쓰고 싶다"는 소망을 내비친 적이 있는데, 이들 덕분에 그 약속도 조금씩 지켜내는 중이다. 그래서 부족한 나를 마주할 때마다 분명 내가 쓸 이야기가 있다고 스스로 다독이며, 여덟 명의 고마운 사람들에게 누가 되지 않도록 애를 썼다.

인터뷰를 정리하면서 참고한 기사들을 훑을 때마다 기사에 달린 숱한 '악플'도 함께 보았다. 비단 남녀의 싸움만은 아니었다. 전업주부와 워킹맘, 비혼과 기혼, 육아맘과 딩크족…… 서로에게 날 서 있었다. 다른 자리에 있을 뿐 적대적일 이유는 없음에도, 그간 우리는 '같은 처지'에 있는 사람들만 옹호하기에 급급했던 건 아닌가 싶다.

나는 이 책이 조금씩 다른 자리에 서 있는 사람들에게 가닿길 바란다. 다채로운 사람들에게 닿아 서로를 조금이나마 알아가길 바란다. 그래서 미워할 이유를 조금도 찾지 못해 그저 "누구의 삶도 틀리지 않았구나!" 하며 서로의 삶을 응원하는 데 도움이 되길 바란다.

남자가 많은 곳에서 일합니다

초판 1쇄 인쇄 2024년 6월 10일
초판 1쇄 발행 2024년 6월 15일

지은이 박진희

펴낸이 한선화
편집 이미아
디자인 ALL designgroup
홍보 김혜진 | 마케팅 김수진

펴낸곳 앤의서재
출판등록 제2022-000055호
주소 서울 서대문구 연희로 11가길 39, 4층
전화 070-8670-0900 | 팩스 02-6280-0895
이메일 annesstudyroom@naver.com
인스타그램 @annes.library

ISBN 979-11-90710-81-7 03300